농부가 살려 쓰는

아름다운
우리말

농부가 살려 쓰는

아름다운
우리말

2022년 12월 12일 제1판 제1쇄
2024년 7월 1일 제1판 제2쇄

지은이   김장순
엮은이   김영호
펴낸이   강봉구 · (사)대전민예총

펴낸곳   작은숲출판사
등록번호   제406-2013-0000801호
주소   10880 경기도 파주시 신촌로 21-30(신촌동)
전화   070-4067-8560
팩스   0505-499-8560
홈페이지   http://www.littleforestpublish.co.kr
이메일   littlef2010@daum.net

ISBN 979-11-6035-139-2   03710
값은 뒤표지에 있습니다.

※ 이 책의 일부는 대전문화재단의 지원을 받아 제작되었습니다.

농부가 살려 쓰는

아름다운 우리말

김장순 지음, 김영호 엮음

7

9

ㅇ

11

농부가 살려 쓰는, 구수하고 정감 넘치는 우리말

1

아름다운 우리말을 찾아내 자신의 작품에서 널리 활용한 '우리말 지킴이' 고 김성동의 『작가가 살려 쓰는 아름다운 우리말 365』를 엮어, 2022년 초에 펴낸 바 있다. 이번 작업은 농부 고 김장순이 일제 강점기에 태어나 87년을 고향인 '전북 부안군 줄포면'에 살면서, 자신의 삶 속에서 기억해 갈무리한 「내 고장의 잊혀가는 말들의 뒷얘기」를 바탕으로 엮은 『농부가 살려 쓰는 아름다운 우리말』이다.

국적이 모호한 신조어와 효율성만 좇아 쓰는 낯선 줄임말이 가득한, 부박한 언어생활 속에서, 투박하면서도 삶의 애환이 담겨 입맛을 당기는, 구수하면서도 정감 넘치는 '아름다운 우리말' 연속 기획의 두 번째에 해당한다. 농부 고 김장순의 유고집으로도 두 번째다. 김장순은 청년 시절 고향 권력자인 인촌 김성수의 대학생 아들에게 면사무

소 공무원의 자리를 빼앗기고, 외할머니와 홀어미를 두고 일본 오사
카의 '시바다니 조선소'에 징용으로 끌려갔다. 갖은 고생 끝에 조선
소를 탈출, 작은 발동선을 타고 10여 일의 야간 항해 끝에 고향에 돌
아온 이야기를 중심으로, 고향 줄포의 역사와 풍속 그리고 다양한 사
람살이를 모은 유고집 『일본탈출기』는 2015년 광복절에 출판되었다.

2

선친인 김장순이 남긴 원고는 일제 강점기에 교육받은 분들이 대
개 그렇듯이 한자어를 많이 섞어서 편지지에 또박또박 쓴 것이다. 원
본을 여러 벌 복사해 책처럼 제본한 것을 자식이나 지인에게 나눠준
것을, 그간 간직해 오다 이번에 '아름다운 우리말' 연속 기획으로 엮으
면 좋겠다고 여겼다. 또 고향에서 선친의 '고향 말 뒷얘기' 일부를 면
지(面誌)에 실으며, 전체 내용을 책으로 낼 것을 요청하면서, 자천타
천으로 이렇게 두 번째 유고집을 내게 되었다. 돌아보면 작년이 선친
이 100세 되던 해였는데, 육친의 감응이 있었는지 선친의 수기 『일본
탈출기』를 이야기 시로 엮어 시집 『바람이 부르는 노래』를 펴냈다. 이
번에 선친이 101세가 되는 해에 두 번째 유고집을 내게 되니, 선친의
고향에 대한 깊은 사랑이 느껴져 가슴이 뜨겁다.

선친의 육필 유고를 다시 파일로 옮겨 적으며 요즘 잘 쓰지 않는 한
자성어나 한시의 인용 부분은, 짧은 뜻풀이를 붙여 이해를 돕도록 했

다. 일제 강점기나 산업화 이전 농촌의 풍속과 관련된 단어나 관용구는 그 밑에 선친이 주를 붙여 설명하고 있으므로 이런 설명을 함께 읽으면 글의 맥락 이해에 도움이 될 것이다.

선친이 남긴 제본 유고 외에, 따로 닥나무로 만든 얇은 미농지에 괘선이 그려진 괘지에 먹지를 대고 쓴 「언어의 변신과 퇴색」을 1부에 실었다. 일상 속에서 무심코 잘못 쓰는 언어 관행에 대해, 나름 문제점을 지적하고 바른 언어 사용을 제시하고 있다. 특히 남편에 대한 호칭인 '당신, 여보, 아빠'라든가, 아내를 부르는 '주부' 등이 일본어의 영향에서 비롯된 것이라는 지적은 새롭다. 그밖에 '필히, 왕왕, 마-' 등도 일본어의 영향임을 밝히며, 사회 지도층의 각성을 촉구하기도 한다. 25항목의 이 글은 선친이 65세에 쓴 것으로, 「내 고장의 잊혀가는 말들의 뒷얘기」보다 9년 앞서고, 또 단어의 용례 사전인 2부와 달리 언어 관행의 문제를 지적하는 글이라 사투리가 별로 없어, 띄어쓰기만 손을 보았다.

2부는 구수하고도 진솔한 고향 말들이 잊혀가는 것을 안타까워하던, 당시 74세의 노인이 그간 익숙하게 써 오던 말들이 구체적으로 어떤 맥락에서 쓰였는지, 실감 나는 사례를 중심으로 가나다순으로 정리한 것이다. 물론 'ㄱ'에서 'ㅎ'까지 400여 낱말과 관용구 등을 정리했지만, 초등학교 학력에 독학으로 익힌 나름의 편집이라 사전식 단어 나열 순과 달라, 독자들이 혼란스러울까 봐 순서를 사전식으로 재정리했다.

또한 2부는 구체적인 사례 중심의 사투리 용례 사전이다 보니, 구성진 사투리와 특유의 말투가 어울리는 입말의 대화체라서, 사투리를 그대로 살렸다. 문맥으로 쉽게 이해되는 부분은 그대로 두고, 낯선 사투리에는 표준말을 덧붙였다. 전북 지방의 낯선 사투리도 사투리 사전을 찾아보면, 전남이나 충남과 겹치고, 심지어는 영남이나 멀리 이북 사투리와도 뒤섞인 경우가 많았다. 이는 일제 강점기나 한국전쟁기에 피란이나 장사 등으로 뒤섞여 살았던 것이, 서울말 중심의 표준어와 달리 사투리의 폭넓은 공유를 가져온 것으로 보인다.

선친은 한때 공무원 생활도 했지만, 평생 이웃들과 농사를 지으며 생활했기에, 자연스레 『농부가 살려 쓰는 아름다운 우리말』로 제목을 붙였다. 물론 유고 원본에는 단어나 관용어구의 구체적 뜻은 적시하지 않고, 구체적 용례를 이야기 중심으로 제시해 대략적인 의미는 알 수 있지만, 그래도 정확한 뜻을 알고 써야 하기에, 여러 사전을 찾거나 어원을 확인해 단어나 관용어구의 뜻을 밝혔다. 대개는 다른 지역의 사투리와 비슷해 쉽게 알 수 있지만, 사전에 없고 줄포에서만 쓰는 말은 용례를 살펴 뜻풀이를 했다.

한 가지 양해를 구할 것은, 유고 원본에는 속된 표현을 'x'로 표기했지만, 사전에 실린 표현이고 또 상황에 맞게 대화의 맛과 화자의 감정을 살려 그냥 본디 말을 살려 썼다. 무엇보다 사투리의 뜻을 찾아보면 '속되게 이르는 말'이란 설명이 대부분이다. 그럼 고상한 한자어나 서울말이 아니면 사투리나 우리말은 다 속되단 말인가. 물론 공식적인 대화나 연설 등에서야 저속한 표현을 삼가야겠지만, 일상대화에서까지 구수하고 정감 넘치는 사투리나 우리말을 굳이 속되다고 배척할 일은 아니지 않은가.

3

이 책을 쓴 농부 김장순은 일제 강점기와 해방 직후의 혼란 그리고 한국전쟁과 산업화로 인한 농촌의 소멸을 겪으며 산 세대다. 한자어와 일본어에 익숙하면서도 나라꽃인 무궁화를 해방 후에야 알았다고 부끄러워하며 우리말의 변질과 퇴색을 안타까워할 줄 아는, 농촌과 고향 나아가 조국에 대한 깊은 애정을 지녔다. 하지만 불의와 억압에 나름 저항하면서도 산업화 이후 급격한 사회변화에 지혜롭게 대응한다. 어릴 적부터 익힌 유교문화의 풍습을 따르면서도 변화된 사회구조에 맞게 변용할 줄 안다. 대추나무 연 걸리듯이 매달 치러야 하는 제사를 설과 추석에 모아 두 번의 합동 차례로 지내기도 하고, 팔순에 자식들과 의논해 당신의 장례를 수목장으로 하기로 받아들인다. 그래도 글 내용에, 지금과는 어울리지 않는 부부관이나 여성관이 드러나 거북하기도 할 것이다. 하지만 일제 강점기에 태어난 분이란 걸 돌이켜보면, 아주 고루한 것만은 아님을 알 수 있다.

우리가 잃어버린 과거 농촌의 삶이 자연과 공존하는 생태적인 삶이며, 지독한 가난 속에서도 이웃의 배고픔을 살피고 기꺼이 나누는 인정 넘치던 시절이었음을 이 용례 사전을 통해 살피는 것도 기쁨이 되리라 생각한다. 농부가 살려 쓰는 우리말 중, 우리의 삶을 더 정겹고 실감 나게 표현하는 말을 찾아, 독자 스스로 자신의 언어생활에 적용해 보았으면 좋겠다. 그렇게 된다면 고인인 필자에게도 큰 보람일 것이다.

2022년 11월 5일

엮은이, 부족한 아들 김영호 두손모음

내 고장의 잊혀져 가는
말 (言語)들의 뒷얘기

내 고장의 잊혀져 가는
말 (言語)들의 뒷얘기

1995. 9. 1.

전북 부안군 줄포면 줄포리 264

처은 金炳純

당년 74세

언어의 변신과 퇴색

1부

언어의 변신과 퇴색

십 년이면 강산도 변한다는 말은 호랑이 담배 피우던 옛날 옛적 이야기가 돼버렸고, 산업화와 도시화의 거센 물결은 한 달 동안에도 강산을 거뜬히 탈바꿈시켜 버린다. 세월은 강산만 변화시키는 게 아니어서 우리네 의식구조나 생활양식이며 풍속 따위를 변화시키며 언어마저 뒤흔들어서, 아름다운 말씨가 천대받는가 하면, 앞뒤가 맞지 않고 사리에 벗어난 신조어를 퍼뜨려 어리둥절케 한다.

질풍노도처럼 밀어닥친 서구 문명에 우리는 지금 한창 설사병을 앓고 있다. 이 병은 명의도 없고 특효약도 없다. 우리네 모두가 정신을 가다듬어 앞뒤를 살피고, 무엇이 옳고 그른가를 생각해 보고 많이 아는 사람은 모르는 사람에게 책임 있는 언어로써 지도하는 것이 치유법의 첩경이 될 것이다. 여기 몇 가지 실례를 열거하여 우리 모두 관심을 가지도록 하고자 한다.

1. '적당'이란 말

적당한 운동, 적당한 휴식, 적당한 장소, 적당한 시기, 적당량 등등. 이뿐 아니라 적당의 뜻이 담긴 적격자, 적합. 적재적소, 적임자 등 많은 낱말이 있는데, 한결같이 알맞음의 뜻을 담고 있어 어쩌면 중용과도 일맥상통한다 할 수 있다. 그래서 예로부터 인구에 회자되는 철칙과도 같은 금석지언이 틀림없는데, 근래에 이르러 누구의 발상인지는 모르나 '어물쩍' '슬쩍' 넘겨 버리는 뜻으로 곡해되어 질시 받는 아주 몹쓸 말씨의 대명사로 전락했으니, 지나친 변신이요, 억울하고도 어처구니없는 일이 아닐 수 없다.

'술 적당히 마셔라, 담배 적당히 피워야지'라는 말에는 알맞음의 본래의 뜻으로 해석되는데, 적당히 처리하라면 눈감땡감 아무렇게나 해치우라는 뜻으로 받아들인다. 그래서 높은 양반들의 훈시나 지시는 적당히 해서는 안 될 것이다.

'적당주의를 배격해야 할 것입니다'라고 곧잘 한다. 알맞음의 원래 뜻이 있는데 말이다. 마치 용이 물 밖에 나오니 개미가 침노한다더니 별난 사람들의 비뚤어진 입조종에 올라 천대와 멸시를 받게 되었음을 어찌 한심타 아니 하리요. 만약 생명체가 있는 것이라면 '적당'은 목숨을 걸고 명예 회복을 위해 과감히 싸울 것이다.

2. '…만'의 뜻

'힘껏 노력했지만… 실패하고 말았다.'

'나는 그를 진정 사랑했지만… 그는 나를 배신했다.'

와 같이 '…만'의 이음말은 반드시 반대말로 이어져야 한다. 그런데 라디오나 TV에서 애용하는 '…만'은 때론 가슴이 철렁 내려앉는 공포감을 안겨 준다.

'지금 막 선수단이 김포공항에 도착했습니다만…' 아나운서의 목소리는 어떤 절박감을 알리는 것만 같아서 무슨 사고라도 생겼는가? 깜짝 놀라는데 '곧 카-퍼레이드를 벌립니다.' 하는데는 아연실색.

'그는 열심히 공부 했습니다만…'이라 할 때면, 공든 탑이 무너져서 낙방했다는 걸까, 애석한 마음이 감도는 판국에 '당당히 수석으로 합격했습니다.'

참 어처구니없는 일이 아닐 수 없다. 왜 이럴까? 억하심정으로 '…만'이란 접속어를 꼭 써야 하는지 물어보고 싶다.

3. 할 것입니다.

똥도 미국 사람 똥이 좋다는 말은 해방 후 한동안 널리 유행했었다. 외제품에 사족을 못 쓰는 국민성을 잘 나타내 주는 말이다. 일본은 수입자유화 정책의 하나로, 외제품을 쓰라는 정부 당국 종용에 귀를 기울이지 않는다고 한다. 우리 국민이 본받아야 할 일이다.

새우젓 된장 고추장 간장 따위마저도 엄청나게 수입되고 있으며, 일제품 '깃꼬오망' 간장은 없어서 못 판다고 한다. 일제 우동 한 그릇이 만이천 원인가 한다 하고, 일부 부유층은 물도 외제품을 마신다고 하니, 이런 부류는 몽땅 외국으로 이민 가서 외제품 속에 파묻혀 살면 어떨까.

좁은 국토의 공간을 좀 넓게 살 수 있어서 좋겠고, 눈에 거슬리고 비위가 뒤틀리는 꼬락서니 안 보고 안 들으면, 진실하게 사는 선량한 서민들의 건강에도 도움이 되어 일석이조의 효과를 거둘 수 있을 터이기 때문에….

이처럼 외제품에 정신을 팔다 보니 언어도 외제품을 닮아가는 경향이 짙다. 무엇을 '이렇게 해야 하겠습니다. 이렇게 해야 합니다'를 '할 것입니다'라고 한다. 마치 남의 말 하듯. 지나가는 말을 던지듯 하는 것은 김빠진 맥주와 다를 바 없다.

사대사상이 어떻고 모화사상 어떻다고 곧잘 선인들을 꼬집으면서도 웬 놈의 꼬부랑말이 그다지도 많은지 책을 읽을 때 짜증 나는 때가 많다.

4. 아빠냐 남편이냐

아버지를 아빠라고 부르는 어린이는 귀엽기만 하고 정감이 넘친다. 아빠 엄마, 이 얼마나 정겨운 말이랴. 그런데 어린이의 독점물이요 특권인 아빠가, 십수 년 전부터 엄마들에게 침해당하고 말았다. 사회적으로 제법 얼굴이 알려진 사람은 물론 지도급 인사들조차도 아빠를 불러댄다. '우리 애 아빠'라고 하면 자연스럽고 알맞은 말인데도 세상이 너무 바쁘다 보니 '애' 한 자를 생략하는 것인지 정말 구역질이 난다.

부부간의 대화에도 '자기' '당신' 어쩌고 천연덕스럽게 지껄여 댄다. 일본 여인네들이 남편을 부를 때 '도모짱(아빠)'이라 하고 대화할 때의 '안따(당신)'를 직수입한 것이란 걸 아는지 모르는지. 부끄러운 일이요. 창피스럽기 그지없는 노릇이다.

나는 좀처럼 TV를 안 보는 성미인데, 얼마 전 우연히 브라운관에서 남편을 하늘처럼 받들어야 한다는 말이 귀에 들리므로 얼른 고개를 돌려 바라보게 되었는데, 유성룡 선생 십삼대 종부의 '명가의 내훈'이었다. 그분은 남편을 '바깥어른'이라고 했다. 나는 깊은 감명을 받았다. 실로 오랜만에 우리나라 가정과 부부 그리고 가족 사이의 정통성을 되찾은 기쁨을 맛보았다.

반세기 전까지만 해도 부부란 말은 흔치 않고 내외란 말을 썼다. 지아비를 가장, 지어미를 가모, 김씨 집안의 박씨 가모. 우리 안식구, 우리 집사람, 우리 안사람, 우리 실인, 우리 아무

개 아버지, 우리 바깥양반이라 했는데 얼마나 구수하면서도 예절 바른 말씨인가.

해방 후로 주부란 말이 부쩍 늘었다. 일본의 월간잡지. '주부의 벗'에서 유래된 것이다. 우리가 꼭 본받아야 할 그들의 국산품 애용. 질서 지키기. 검소한 생활방식 같은 것은 외면하고, 배워서는 안 될 일은 원숭이처럼 흉내 낸다는 것은 깊이 반성해야 할 일이다.

나는 아빠를 애용하는 모든 남녀에게 다음과 같이 제언한다. '지금부터 당장 아내를 엄마라고 불러 다오. 장모는 엄마의 엄마로 불러 줄 것.'

5. 같아요

'제가 담당 과목이 국어인 만큼 한 달에 두세 권의 책을 읽는 것 같아요.'

초등학교 글짓기 지도 교사와 아나운서와의 라디오 대담의 한 대목이다.

'제가 좋아서 노래를 부르는 것 같아요.'는 어느 야무진 여가수의 명언.

'신세 진 것 같아요.' 손님의 인사치레에

'너무 소홀히 대접한 것 같아요.'는 주인의 대답.

뿐만 아니다. 요즘 신문 잡지에도 '같다'가 풍요롭고, 작가들 글솜씨도 '같다'가 두드러지게 눈에 뜨인다.

일일이 실례를 들자면 밑도 끝도 없으며 시간과 지면이 태부족하겠기에 이 정도로 덮어 두기로 한다. 이 '같아요' 병이 더 깊어지면 몇 년만에 찾아온 친정어머니에게 '엄마 참 반가운 것 같아요.'

남편의 승진을 알리는 딸이 친정아버지께 '아빠가요, 이번에요, 과장으로 승진된 것 같아요.' 할 법도 한 일이요.

'할아버지가 돌아가신 것 같아요.'

'큰애가 대학에 붙은 것 같아요.'

'제가 몸이 아픈 것 같아서 병원에 입원한 것 같아요.'

이런 세태가 오지 않을까 싶어 '마당 깨질까 봐 솔뿌리 걱정이 앞선다'고 지나친 걱정이 앞서는 걸까.

6. 어떻게 오셨습니까

사무실이나 직장에 찾아온 손님에게 무슨 용건으로 왔느냐 하는 인사말이다. 어떻게 왔느냐는 것은 분명 거기까지 오는 노정과 교통수단을 알고자 함이지 용무를 묻는 말은 아니다.

예고 없이 찾아온 시아버지에게 '아버님 어떻게 오셨어요' 하면 '응. 서울까지는 기차 타고, 거기서는 택시 타고 왔어야…' 열이면 열 명 모두 이렇게 대답할 것이다.

무슨 급한 일이라도 생겨 급작히 오셨느냐는 뜻은 없어지고 기문기답(奇問奇答), 동문서답이 되고 만다. 이 말버릇도 요즘 잘난 연예인 방송인들의 멋들어진 작품 중의 걸작이요, 창조물이다.

7. 호랑이는 자기 집에서 기르는 강아지인가?

나는 동물원 우리 밖에서조차 호랑이를 보노라면, 저놈이 금방 우리를 박차고 뛰쳐나오지 않을까 겁을 먹는다. 어슬렁어슬렁 우리 안을 서성대는 그놈의 눈매는 살기에 가득 차, 당장 한입에 집어삼켜 오독오독 씹는 환각이 일어 공포감으로 몸이 떨린다. 과일이나 과자 등속을 받아먹으며 재롱을 부리는 원숭이를 볼 때와는 아주 딴판이다.

'백수의 왕'인 사자 무리가 호랑이떼의 성화를 견디지 못하여 정든 삶의 고장을 버리고 딴 고장으로 이동했다는 인도 사자와 호랑이의 실례도 있으니, 무섭고 또 무서운 것은 호랑이인가 싶다.

옛날엔 호랑이가 담배를 피웠다는데 현대판 호랑이는 상모를 내두르니, 농악 마당에 그놈을 데려다가 굿판에 어울려 나도 함께 덩실덩실 춤을 추어 볼까나… 아서라, 그놈이 인내

(사람 냄새)를 맡기만 하면 대번에 잡아먹을 터인즉 이런 헛된 생각일랑 얼른 버려야겠다.

88 올림픽 마스코트에 등장한 호돌이인가 호랑이님인가를 자기 집 강아지로 보는, 통이 왜놈의 큼지막한 발효통인 장통보다 더 큰 사람도 있다. TV 대담에서 호돌이를 잔뜩 추켜세우는 유명인사 몇 사람은 '우리 민족은 예로부터 호랑이와 친근했다'라고 공언하는 것이었다. 우는 아기 달래려면 '어-매, 저-그 에비 온다.' '순사 오네' 했고 그래도 울음을 그치지 않을 양이면, '저그 호랭이 오네. 호랭이가 으흐응 험서 막(마구) 문(문살)을 긁어 대네'하고 으름장을 놓았는데 그 양반들은 들어보지도 못했는가 보다.

그분들은 분명 현대판 지록위마 꾼들이다. 입술에 침도 안 바르고 새빨간 거짓말을 늘어놓는 그분들에게 나는 이렇게 말해본다.

울 안에 들어가서 호랑이의 두 귀를 잡고 얼굴을 비벼대고 앞발 뒷발 움켜잡고 뒹굴어 보라고. 그러고 나서 구름 떼로 몰려든 구경꾼들에게, "자. 여러분, 호랑이 무서워한 것은 태곳적의 신화에 지나지 않습니다. 보시다시피 예로부터 이처럼 인간과 친근합니다. 애완용 개는 기르지 말고 호랑이를 기릅시다." 이렇게, 이렇게 목청껏 외쳐 보라고.

8. 막걸리와 오가피주

　교통수단이 발달하여 불과 일 킬로미터의 엎어지면 코 닿을 가까운 거리도 버스를 타는 세상이 됐지만, 불과 반세기 전만 해도 가마 타고 말 탔던 것은 부유한 양반님네 나들이고, 서민층은 허리춤에 몇 켤레 짚신을 매달고 몇십 리 몇백 리를 짚신 감발로 걸어 다녔다. 창자에서 쪼르륵 소리가 나고 지칠라치면 주막에 들러 막걸리 한 사발 마시고 곰방대에 써럭초 담아 한 대 피우고 나서 다시 걸음을 재촉했다.

　해가 지면 주막에서 두 돈 오 푼 짜리 저녁밥을 사 먹고, 이와 벼룩과 빈대가 우글거리는 골방에서 주리 틀듯 짚신골 처박히듯 하룻밤을 넘긴다. 다음 날 아침은 시금털털한 시래깃국에 한 돈짜리 막걸리로 때우고 목적지를 향해 걸음을 옮긴다.

　막걸리는 분명히 영양분이 있다. 노동자와 농민을 위해서 생겨난 술이란 것도 또한 자명한 일이다. 십만 원 하는 쌀롱의 양주보다 한 병의 막걸리에 애착을 갖는다. 그래서 우리네 촌놈은 막걸리 예찬자요. 막걸리 타령꾼이다.

　오일륙 군사정부가 들어선 후 보잘 것 없는 이 고장에도 군정주체세력 몇 사람이 찾아와, 초등학교 교정에 많은 청중을 모아 놓고 강연회를 가진 일이 있었다. 춘궁기 단경기를 추방하고 잘 사는 농촌을 만들겠다는 의욕적인 청사진을 펼칠 때, 어느 촌부 한 사람이 손을 번쩍 들고 일어서서, '농민은 농주를 안 먹고는 힘든 농사일을 못 하니 마음대로 술을 히먹게 (담가 먹게) 해달라'는 기상천외한 건의를 해서 웃음판이 벌어졌었다.

계란이 먼저냐? 닭이 먼저냐의 관계처럼 농민과 막걸리는 불가분의 인연을 갖고 있다. 광고술이 고도로 발달 된 오늘날 기업가의 상술 또한 절정에 달해 보도 매체를 통한 갖가지 광고는 우리의 정신을 빼앗고 현기증을 일으키는 가운데, 질세라 막걸리 광고 역시 요란하다.

아리따운 아가씨가 미남 신사에게 교태를 잔뜩 부리며 막걸리잔을 권하는 호화찬란한 커다란 광고지에는 영양분이 어떻고 칼로리가 얼마이며 무슨 병을 예방할 수 있다는 학자님의 연구발표 내용이 곁들여 있다. 막걸리가 술 중의 술이요, 술 중의 왕인지 나는 모른다. 그러나 고매한 학설을 밑바닥 서민층이나 즐기는 막걸리 광고에 선을 보일 까닭은 무엇인가.

세월이 약이란 말도 있고 성숙에의 길잡이라고 하는데, 굶지 않는 세상이 되자 소주가 막걸리 자리를 많이 밀어내고 있는 것도 시대의 추세이고 보매, 웬만한 가정이면 과일주를 담가 먹고 제삿집 잔칫집에 소주가 많이 나온다. 그래서 양주에서부터 맥주 과일주 광고가 판을 친다. 정말 안 마셔도 취할 지경이다. 반나체의 연예인 사진이 실렸다 해서 크게 나무랄 일도 못 된다. 전라(全裸)의 모습이면 어떠랴. 나같이 옹졸한 촌로가 혀를 차고 욕지거리나 하는 이 볼썽사나운 세태에, 그저 눈감고 안 보는 것만이 상책일 거라고 생각하고 체념할 수밖에 없는 노릇이다.

이병주씨는 중앙문단의 이름 있는 중견 작가이자 회갑을 넘기고서도 주옥같은 글을 쓰는 소설가로서 촌로는 못내 존경심을 간직하고 있다. 조선일보 연재소설『바람과 구름과 비』를 감명 깊게 읽었고 이어령 교수와의『축소지향의 일본인』에 대한 대담에서 그분의 박학과 혜안에 경탄을 금치 못하였는데, 술 광고에 얼굴을 비친 후론 실망하고 말았다.

'오가피주가 어째서 좋고 그래서 나도 오가피주를 즐겨 마십니다.' 못 볼 것을 본 것만 같아 브라운관에서 얼른 등을 돌렸다. 목이 타 죽을망정 도둑의 샘인 도천은 마시지 않는다는 옛사람의 고매한 인격을 새삼 흠모하게 된다.

이제 누굴 숭배하고 흠모할 것인가? 소부는 천자를 계승하라는 더러운 말을 들었다 하여 영천강에 귀를 씻었고, 그 더러운 귀를 씻은 물을 어찌 나의 소에게 먹이랴 고삐를 돌린 허유의 고사는 물질만능의 오늘날 음미해 볼 만하지 않을까?

소부 : 요 임금 때의 고사. 산속에 숨어 속세의 명리를 돌아보지
　　　 않고 나무 위에 집을 지어 살았다는 데서 소부(巢父)라
　　　 부름. 요 임금이 천하를 양여하여도 받지 아니하였음.

허유 : 요 임금 때의 고사. 요임금이 천하를 그에게 양여하려
　　　 했으나 거절하고, 기산으로 들어가 숨음.

9. 개고기에 부르셀라 균이 있는가

내종(늑막염)이나 살을 앓든지(종기) 중병을 앓았거나 수술한 뒤에 꼭 푹 고아 끓인 개장(개고기)을 먹어야 하는 것은, 낮엔 해가 뜨고 밤엔 별과 달이 비치는 순리와도 같이 우리의 머릿속에 박혀 있다. 땀을 많이 흘리는 염천 삼복에 개장집이 문전성시를 이룬 것은, 닭은 하루의 보가 되고 개장은 열흘 보가 된다는 믿음으로 '보신탕'으로까지 승화된 것이니, 식도락가의 애호 식품이 된 것은 두말하면 잔소리이다.

이 총애를 받던 개장이 어느 날 갑자기 된서리를 맞았으니, 그것은 어느 유명한 학자님이 '개장에는 무서운 균이 있다'는 새로운 학설을 TV를 통해서 발표함으로써 발단된 것이다.

이 촌로는 위대하신 학자님의 말씀을 믿으려고 무척 애를 쓴다. 꼭 믿어야 할 것이라 다짐도 해보는데 과연 정설이라 믿는다면, 그때까지 개장 애호가들의 피해 상태를 실증하지 아니하느냐는 데에 문제점이 있는 것이다.

그 학자님은 슬쩍 말을 던져놓고 난 후로 개장을 안 먹음으로 해서 국민 보건에 보탬이 됐다는 말을 한 적은 없다.

보신이라면 부유층 일부 못된 사람들은 기를 쓰고 마라톤을 벌인다. 덕유산 겨울 개구리가 멸종 위기라는 소식이 들린 것도 오랜 이야깃거리고, 대만산 달팽이가 판을 치고, 지렁이 사육 붐이 일어 투기 부인을 울린 일도 있었는데, 균이 있다는 연구발표로 해서 보신꾼들의 가슴을 철렁 내려앉게 했다.

개장을 먹는 한국의 86아시안게임, 88올림픽 참관을 거부한 다는 서양사람들의 항의가 빗발치는 와중에 100%의 실효를 거두었으니 과연 훈장을 받을 만한 일임에 틀림없겠다.

제2차세계대전 때 쌀, 보리는 빼앗아 가고 만주에서 콩깻묵을 갖다주었고, 소를 공출해 갈 때에 쌀밥보다 잡곡밥이 몸에 좋다, 채소를 많이 먹으라며 입을 모아 떠들어 대던 어용학자들이, 해방이 되자 우리 국민의 고기 섭취량이 너무나 적다고 걱정하는 것이었다.

일구이언을 떡 먹듯 하고, 곡학아세하는 일부 학자들의 양식에 호소한다.

10. 대풍 맞은 사장님

회사의 대표이사를 사장이라 하는 걸로 알았더니, 내가 워낙 무식한 탓인지는 몰라도 일꾼 몇 사람 데리고 공사하는 분을 사장님으로 호칭하는 걸 보고는 사장의 개념을 미처 몰랐던 나의 무식을 탓한다. 쓸만하게 차린 가게 주인, 심지어 택시 기사에 이르기까지 사장님이시다. 손바닥만한 소도읍에도 발에 걸리는 것이 사장이다. 시장 바닥에서 리어카를 끌어도 사장님으로 출세할 날이 곧 다가올 듯하다.

영감은 상당히 높은 지위에 있는 공무원에 대한 경칭인데 이것도 무던히 퇴색되어, 머지않아 면 단위 기관장에까지 호박이 넝쿨째 굴러오지 않을까 싶다.

선생이란 전직 현직 교직자들 이름이요, 비록 교직자가 아니라도 사회적으로 덕망이 높고 나이도 지긋한 분을 선생이라 높여 부르는 거고, 선생의 부인을 사모님이라 호칭하는 걸 모를 리 없거늘, 웬 놈의 선생 사모님이 그다지도 많은지 낯이 뜨거워진다. 올해도 풍년 내년에도 풍년 연년세세 풍년들기를 바라는 마음 간절하다. 그러나 도매금으로 불러대는 영감 사장 선생 사모님의 풍년은 있어선 안 되겠다. 과공은 비례란 말도 모르는 사람들의 입 풍년….

11. '전주 여자'만이 다니는 학교인가

전주-여자 고등학교를 전주 여자-고등학교라고 하는데, 이 학교는 전주 출신만이 입학할 수 있고 타처 출신은 다닐 수 없는 학교란 뜻으로 풀이된다. 이것은 아나운서 등 방송인들이 하는 말이다. 전주-지방 법원을 전주지방-법원, 이리-지방 국토관리청을 이리지방-국토관리청이라 함은 중앙과 지방의 구분을 모르고서 하는 말이다.

12. 신랑

어린애를 두셋 둔 애기아빠인데 너그 신랑이 어떻고 너의 신랑이 이렇더라 곧잘 한다. 늙는 것이 서러우니 70 넘은 노인을 신랑이라 한대서 죄 받을 일도 아니고 깨끔히 차린 노인에게 새신랑 같다고 덕담을 하는 수가 있으니 모름지기 신랑으로 불러 보자꾸나.

13. -요

'아빠가 어느 점이 좋은 것 같아요?' 아나운서의 물음에
'아빠는요--. 내가 구두를 닦아 주면 용돈을 주거든요. 그런 점이 좋은 것 같아요.'
국민학생의 '요' 대답. 말 몇 마디에 요놈의 '-요'를 몇 번씩 들먹인다.
이십수 년 전만 해도 동지섣달 설한풍에 요는 말할 것 없고, 이불 없이 삼동을 넘기는 불쌍한 가정이 있었다. 요 없이 살아난 뼈저린 슬픔이 골수에 사무쳐 자라나는 자녀의 입을 빌어 '요' 풍년을 만들겠다는 속셈일까. 여기에 부모들의 관심이 없으니 말이다. 국민학생뿐인가. 중고등학생도 많이 애용하는 멋들어진 말씨다.

14. 필히

사원모집. 공원모집, 원고모집 같은 광고문에 많이 쓰인다. 필히 며칠까지 세금을 내야 한다. 필히 도장을 가져오라는 마이크 방송이 울려 퍼진다.

필히는 일본말 '가나라스'를 직역한 말로, 전후 세대가 기성 세대로부터 물려받은 달갑잖은 선물이다. '꼭', '반드시'라야 한다. 피리 젓대 쿵더쿵이 연상되는 '필히'는 정말 듣기 싫다.

15. 왕왕

왜 '가끔', '간혹'이라고 못할까. 일본에서 강아지 짖어대는 소리를 '왕왕', 닭 울음을 '고께굿꼬-'라고 하는데, 일본사람의 '왕왕'인 강아지 소리로 착각된다. 'おうおう(오오)'를 지식인들이 쓴다고 해서야 될 말인가.

16. 마-

가갸 뒷다리만 알아도 꼭 써야만 직성이 풀리는 '마의 신'이 내린 마.

'에-또. 마-.'는 일본인들의 전매특허품이지 우리말은 결코 아니다.

'저-. 그러니까.' 우리 전라도 사투리로 '그렁개 말이여-' '거시기'이다.

내로라하는 지식인 정치인, 높은 양반부터 삼가야 하겠다.

17. 열심히 산다는 것

'열심히 공부하라.', '열심히 일하라.' 등은 자기 능력에 따라 힘껏 노력하라는 고무적인 뜻이 담겨 있어 좋다.

그런데 요즘 젊은 층에서 '화끈'이란 새로운 말을 쓰는 걸 본다. 뜨거울 열 자와 마음 심 자로 짜였으니 '화끈하게 끝내다'는 말뜻이 그럴싸하여 웃어넘기지만, 방송인들의 '열심히 사시기 바랍니다.'의 뜻은 고개를 기웃거려 알량한 지혜를 짜봐도 해답을 얻을 수 없으니 답답할 노릇이다.

'잘 먹고 잘 살았단다.'는 굶주리던 시대에 옛이야기 끝머리를 장식하던 말이다. '시집가서 잘 살아라'는 말은 배곯지 않기를 기원하는 친척들의 덕담이고, '잘 살아보세'는 가난을 몰아내고 부유하게 살아보자는 노래 가사의 한 토막으로서 지난날 단장의 슬픔이 되살아나게 한다.

기아에서 해방된 오늘날 실컷 먹고 마시고 뛰고 춤추는 것이 열심히 산다는 것인지 의아스럽다. 우리는 지난날을 되돌아보고 알찬 미래를 향해 진실하게 살아야겠다는 마음으로 군소리를 해본다.

18. '을'을 붙여야 하나

'도착했다, 시작했다, 출발했다'가 변신해서 '선수단이 막 도착을 했습니다.', '○○를 시작을 했다.', '목적지를 향해 출발을 했다.'라 함은 무슨 뜻인지.

'북치고 장고 치고'가 '북을 치고 장고를 치고', '피리 불고 젓대 불고'는 '피리를 불고 젓대를 불고', '나물 먹고 물 마시고'를 '나물을 먹고 물을 마시고', '잠깐 쉴 때 담배 피고'는 '잠깐을 쉴 때 담배를 피우고'로 '을'과 '를'로 변신시키고 만 것이다.

'망건 쓰고 귀 안 빼기'를 '망건을 쓰고 귀를 안 빼기', '갓 쓰고 두루마기 입고'는 '갓을 쓰고 두루마기를 입고', '하늘 보고 침 뱉는다'를 '하늘을 보고 침을 뱉는다'가 된다.

'땅 짚고 헤엄치기'는 '땅을 짚고 헤엄을 치기', '배 먹고 이 닦기'가 '배를 먹고 이를 닦기'가 될 것이고, '소 잃고 외양간 고친다.'는 속담이 '소를 잃고 외양간을 고친다.'로 된다면 웃고 넘길 수만은 없을 것이다.

김 빠진 맥주가 되고 군더더기 넝마가 되지 않을까? 하나하나 끄집어내기로 하면야 하루해가 짧을 것이기에 이 정도로 접어 두기로 하고, '을'과 '를'을 남용하여 아름다운 우리말을 혼탁 시키지 말아 달라고 방송인들에게 당부하는 바이다.

19. 금이냐 김이냐

어쩔 수 없는 노릇이다. 건국 후 일관성 없는 교육정책은 한글세대를 배출했으니, 삼강(三剛)을 압록강 두만강 낙동강으로, 오륜(五倫)을 올림픽, 판문점(板門店)을 핫꼬방(판자집의 일본말)이라 했대서 그 학생을 탓할 수 있겠는가. 하기야 해방 직후 어느 대학 교수가 '사달이가 우달이를 만나서(우리들의 벗들과 만나서)'라 강의한 일도 있었는지라, 하물며 한문을 전혀 못 배운 젊은 세대들이 글 뜻 말뜻을 왜곡한다는 것은 당연한 일이다.

전술한 교수뿐이 아니다. 저명인사들 중에는 '교란(攪亂)을 각란, 천명(闡明)을 단명, 부활(復活)을 복활'이라 실수하는 경우도 있고, '김만경 넓은 들'을 '금만경 넓은들'로 전북의 노래를 부르기도 한다.

지금은 구경할 수조차 없어졌지만, 전에 아낙네들이 옷 마름할 때, 길이는 한 자를 놓고 광(폭)은 세 치, 동정은 팔 푼으로 하자거니 칠 푼으로 하자는 등 자, 치, 푼이라 했다.

이율을 두 푼 변, 서 푼 변, 댓 푼 변이라 했고, 문전에서 구걸하는 동냥아치(거지)도 '한 푼 주시오'라고 했다.

요즘 사람들처럼 이 부니 삼 부 이자니 하는 말은 듣지도 보지도 못했었다. 현재도 법원 판결문은 '푼'으로 표기한다. 열 평 오 합 식 말씨는 도시 사람들이 많이 쓰고 있으니 무식한 사람 모꼬지(모여있는)는 도시인가 보다.

20. 한문은 문화를 둔화시킨다는데

한글만을 써야 문화의 속도가 빠르다. 아니다. 수천 년 동안 한자 문화권에서 살아온 우리가 어찌 한자를 폐지할 것인가? 해방 사십이 년이 된 오늘날도 의견일치를 보지 못하고 학자 간의 논란이 가시지 않는다. 한글학자들의 옹고집으로 한글 교육 일변도로 내려오다가, 국한문 혼용으로 방침을 바꾸다가 엎치락뒤치락하다 보니 한글세대라는 후회막급한 현상을 저지르고 말았다.

초등학교를 어린이 배움의 집, 이화여대를 배꽃계집아이 배움의 집, 비행기를 날틀이라고 한다 해서 교육이 더 잘 되고 문화가 획기적으로 발달한다고 생각하는 학자님의 의견에 반기를 든다.

1984년 4월호 일본 『문예춘추』의 예를 들어 보자. 한 줄 열

여섯 자에 한자가 열두 자, 열다섯 자에 열석 자, 열다섯 자 전부 한자 등으로 과히 한자 일색이고 한자 옆에 '가나'의 '토'를 단 것도 아니다. 또 중국은 한자전용이다. 그렇다면 그들이 우리의 무릎 아래에 있어야 할 터인데 현실은 그렇지 않으니, 고루한 억지 의견을 내세울 아무런 건덕지도 없지 않은가?

중국의 국력은 우리를 앞지르고 경제 대국으로 성장한 일본은 개발 도상국의 선망의 대상이 됐다. 우리의 TV 제작 방식이 일본 것을 모방한다는 비난의 소리가 있고, 정책 입안자의 책상에는 여러 권의 일본 서적이 놓여 있다고 들린다.

상대가 백정이든, 재인이든 취할 점이 있다면 배워야 한다. 삼십육 년 동안 우리 조국을 강점한 원한 맺힌 일본이라 할지라도 배울 것은 배워야 한다. 배운다는 것은 모방과는 다르다. 중국을 배우고 일본을 배우려면 한자 지식 없이는 절대로 불가능한 일이 아닌가.

21. 아 이 양반아

누가 나더러 나이 먹으라고 바라고 권한 것도 아닌데, 어느덧 예순다섯 나이도 일사분기를 넘기고 이사분기 첫 달 사월도 일락서산에, 월출동녘 오월달이 고개를 내밀려 하고 있다. 뭐든 다 잘 먹어도 농약하고 나이는 먹지 말아야 하는데….

아직 칠십도 못 되었으니 늙으면 아이 된다는 나이는 아니로되, 아니꼽고 역겹고 왈칵 구역질이 나는 일을 듣고 당하고 보면 어째서 세상이 이 모양 요 꼴로 돼가는가 한심하기 그지없다.

충효 사상의 고취나 경로효친의 목마른 외침은 메아리 없이 허공에 사라지고, 삭막한 대지 위에 먼지만 흐트러지는 현실을 슬픈 눈으로 바라볼 수밖에 없음에 가슴 아프다.

우리네가 굶주리던 시절에는 이렇지는 않았는데, 배때기가 부르니 예의범절은 뒷걸음친다.

말이란 '어'해 달코(다르고) '아'해 달타(다르다)고 한다. 똑같은 '이 사람아'란 말도 오랜만에 만난 친구끼리 손을 맞잡고 흔들어대면서 하는 말은 우정의 발로이지만, 젊은이에게 '여보게'라 하지 않고 이 말을 쓴다면 기분이 썩 좋지 않을 것은 불문가지이다.

요즘 젊은이 중에는 부집존장(父執尊長- 아버지의 연배와 비슷한 어르신)에게 '아, 이 양반아'라고 마치 친구끼리나 할 말을 예사롭게 지껄이는 사람도 있다. 아니 '늙은놈아' 하지 않는 것이 천만다행한 일이다.

괘씸하다고 곧잘 한다. 수하(手下, 손아래) 사람의 버릇없는 행동을 나무라는 말이란 걸 모르고, 집안 어른에게도 늙은이에 대해서도 분별없이 쓰이고 있다. 섭섭하다와 괘씸하다의 본뜻을 모르고 하는 말인데 이렇게 뒤죽박죽되어서야 쓰겠는가.

'손님 왔어-' 하면, 방 안에서 '응, 누구 왔어?'라 한다. '방에서 이년 하니 정지(부엌)서도 이년' 한다더니 쿵짝이 척척 들어맞는다. 물건을 사러 갔던 '모시 바구리(머리가 하얀 노인)'는 쾌씸하고 창피해서 얼른 가게를 나선다. 그래서 될 수 있으면 한 손으로 담뱃갑을 건네주는 손자뻘 꼬마가 있는 담뱃집을 피한다.

22. 할깝쑈

꼬치(고추) 따 먹은 여시(여우) 대가리 내두르듯 고개짓을 하면서 '들라 할깝쑈'(들어오라 할까요), '몽둥이 가져 올깝쑈'(몽둥이 가져올까요) 해대는 말솜씨는 듣기 좋은 말은 아니다.

점잖을 떨면서, '하오나'(그러하옵니다만) '하오면'(그렇다면)이란 것도 어색하기만 하다.

'잠깐 지체하십시오'하면 좋을 텐데 의례히 '잠깐'이란 반말을 즐겨 쓴다. 아무리 연극 대사라 할지라도 시정해야 할 일이다.

'똑소리 난다'고 한다. 사람이 똑똑해서 무슨 일이든 척척 처리해 나간다는 뜻일 게고, '끝내준다'는 말과는 사촌간쯤 되는 것 같다.

하기야 공짜가 꽁짜가 됐고 소주는 쏘주로, 막걸리가 대포로 둔갑하는 세상이고 보매 더 말하면 잔소리가 되겠다.

23. 인지와 증지

인지는 대한민국 정부 수입인지로서 등기 등록 등을 할 때
와 어음 통장 장부 등에 붙이며, 수입증지는 행정관서에서 발
급하는 각종 민원서류에 붙이는 증명 수수료라는 것쯤 쉽사리
알 수 있을 법하건만 사실은 그렇지 않으니 답답한 노릇이다.

제법 글깨나 배웠다는 사람들마저 수입증지를 수입인지라
고 한다. 도민증을 되민쩡, 석유배급을 쇠고대급이라 한 대서
웃을 일도 아니며, '저그 가는 빤쓰(버스)가 어디 가는 빤쓰요'
라고 묻는 여인네를 흉볼 일이 아니다. 그들은 무지해서 모르
고 하는 말이니까 ….

'○○군수입증지'라고 한글로 인쇄되어 있는데 어찌하여 읽
어 보질 않는 건지. 이들은 '리어커'를 '리야끼', '경운기'를 '정운
기', '지하수'를 '지하실', '가로수'를 '가라수'라 하는 사람들의 흉
은 잘 보는 부류이니, '수지오지자웅((誰知烏之雌雄)', 까마귀
는 새까맣게 검으니 어느 것이 암컷이고 수컷인지 누가 알랴
는 격이라 치부해 버리자.

24. 놈

'놈'은 분명 욕설이다. 그런데 이상하게도 욕이 아닌 '놈'도

허다하니, 예를 들자면 이렇다. 가게에서 '이놈은 얼마이고 저놈은 얼마'라고 값을 따질 때의 놈. '저놈은 덜 성하니(싱싱하지 않으니) 이놈을 달라'고 생선전에서 고를 때의 놈.

심지어 진설(제사상 차리기)할 때 저놈은 요리 놓고, 요놈은 저리 놓고 하는 놈도 있고, 묘를 쓸 때 유골 놓는 순서가 틀렸다 하여 이놈 요리 놓으라, 그놈은 저리 놓으라고 선대에게 무의식중에 욕을 해대는 놈도 있다.

버스도 놈으로 불린다. 전주 가는 놈이 어떤 것이냐(어느차냐) 하고, 행선지를 말할 때도 저놈이 부안 가는 놈이라 한다.

얼마쯤 세월이 흐르다 보면 놈 대신 이년 저년으로 변하지 않는다고, 뉘라서 장담할까 보냐.

25. 채알과 채양

볕을 가리고 우로를 피하기 위하여 잔칫집이나 상가에서는 반드시 커다란 차일(해가림막)을 친다. 청첩장이나 부고를 받고 그 동네에 가서 차일 친 집만 찾으면 영락없다.

한옥 처마 끝에 잇대어 비나 볕을 막기 위하여 함석을 달아낸 것은 차양(해가리개)이다. 함석이 없던 시절에는 짚을 얹었다 한다.

명정은 장사 지낼 때 쓰는 죽은 사람의 관직, 성씨를 적은 기로써, 관직이 없는 경우 남자는 학생모관모공지구(學生某貫某公之柩)라 쓰고(관에 쓰는 양식도 같음), 여자는 유인모관모씨지구(孺人某貫某氏之柩)라 쓰는데, 있는 사람은 빨간 비단에, 없는 사람은 빨간 인조견 따위로 한다.

이장할 때는 학생모관모공지령(學生某貫某公之靈)이라 쓴 백지 명정을 유골 위에 덮는다. 명정은 한마디로 말해서 혼백 기록이다.

공포(功布)는 길이 석 자 되는 삼베로 만든 기인데 글자를 쓰지 않는다. 명정, 공포는 기다란 대나무에 달아서 상여 앞에 들고 간다. 이전엔 명정 공포 다음에 돈전(백지를 돈처럼 찍어 대나무에 매달음), 조기(弔旗), 만장(挽章)의 깃발이 수없이 따라갔고 장지에 이르는 길이며 나뭇가지에 돈전이 걸려 있었는데, 이런 풍속이 사라졌다.

반세기 전만 해도 이 깃발 행렬이 시오리(6km) 이상 장사진을 친 일도 있었지만 다만 옛날이야기가 돼버렸고, 명정, 공포에 만장 몇 개 들고 가 임종을 지켜보는 당내간(팔촌 이내의 사촌)들은 백지를 접어 '폐백이요' 하면서 넣어 준다. 그전에 한복만을 입던 시절에는 옷고름, 저고리 앞섶을 조그맣게 가위로 잘라 넣었다. 무덤을 쓸 때도 역시 폐백(백지를 접어서)을 드리고 있다. 그러니까 죽은 사람에게 황천길에 유용하게 쓰라고 드리는 예물인 것이다.

결혼식을 올린 후 부모 친척을 모시고 큰절 올리고 술잔을 드리는 것은 살아 있는 사람에게 드리는 인사요 폐백이다. 결혼예식장은 폐백실이 마련돼 있어 현대판 폐백이란 것을 흉내 내고 있다. 양복지, 손수건 양말 등속의 폐백이라 할 것이다.

내가 왜 이따위 군소리를 장황하게 늘어놓느냐 하면, 내로라하는 지식인들마저 본뜻을 모르고서 엉뚱하게 표현하는 데에 어색한 마음이 일기 때문이다. '차일'을 '채일', '채알'로, '차양'을 '채양', '명정'을 '명전', '폐백'을 '피백'이라 하는 사람이 아마 다수일 것이다.

'병풍'을 '평풍', '퇴비'를 '토비'라고 하는 사람. 돈을 주고 사서 쓰는 화학비료만을 비료로 알고, 배합사료만을 사료로 알고 있는 세상으로 변했다. 퇴비, 두엄, 인분뇨가 비료의 범주에 속하는 거고 부엌에서 나오는 밥, 반찬 찌꺼기며, 구정물, 풀 따위가 사료(먹이)란 걸 까마득히 잊고 있다.

한문식으로 수천 년 익혀온 우리말은 한자를 모르고서는 본뜻을 제대로 알기란 어려운 일이다. 아버지 어머니라야 말이 통하고 부모라 하면 못 알아듣는 식이 돼서는 안 되겠다. 한글 세대들은 독학을 해서라도 한문 공부를 해야 한다고 당부하고 싶고 기성세대는 바른말로 후진을 지도해야 하겠다.

1986. 04. 25.

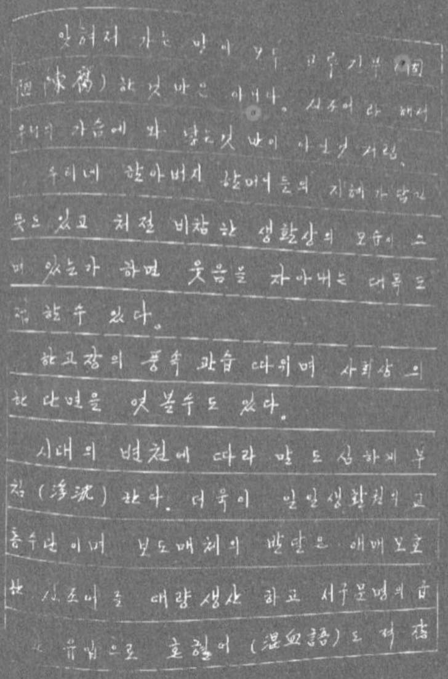

잊혀져 가는 말이 모두 고루진부(固陋陳腐)한 것만은 아니다. [illegible] 우리의 가슴에 와 닿는 것만이 아닌 것처럼.

우리네 할아버지 할머니들의 지혜가 담긴 뜻도 있고 처절 비참한 생활상의 모습이 스며 있는가 하면 웃음을 자아내는 대목도 접할 수 있다.

한고장의 풍속 관습 따위며 사회상의 한 단면을 엿볼수도 있다.

시대의 변천에 따라 말도 심하게 부침(浮沈)한다. 더욱이 일일생활권이고 [illegible] 보도매체의 발달은 애매모호한 신조어를 대량생산하고 서구문명의 급 유입으로 혼혈어(混血語)도 적잖

고 김장순의 육필원고 중 서문 부분

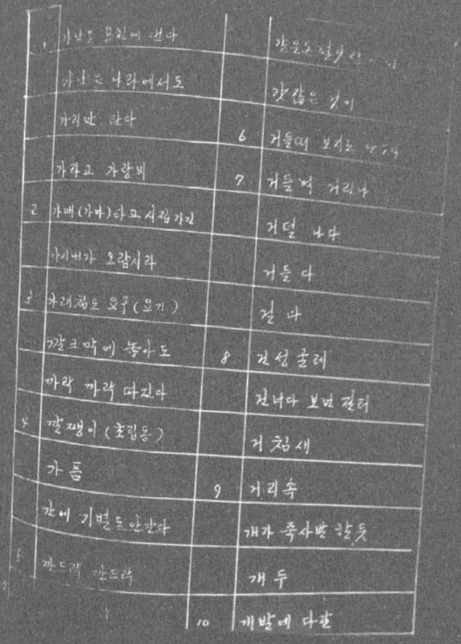

1	가난도 [illegible] 낸다		[illegible]
	가난은 나라에서도		갓잡은 [illegible]
	가려서 한다	6	거들떠 보지도 않다
	가라고 가랑비	7	거들먹 거리다
2	가매(가마)타고 시집가기		거덜 나다
	가시버가 오랍시라		거들다
3	가래침도 요구(요기)		걸다
	갈크막에 놓아도	8	건설굴레
	까락 까락 따진다		건너다 보면 절터
4	깔쟁이(초립동)		거침새
	가품	9	거리속
	간에 기별도 안간다		개가 죽사발 핥듯
5	깐드락 깐드락		개두
		10	개발에 다갈

고 김장순의 육필원고 중 목차 부분

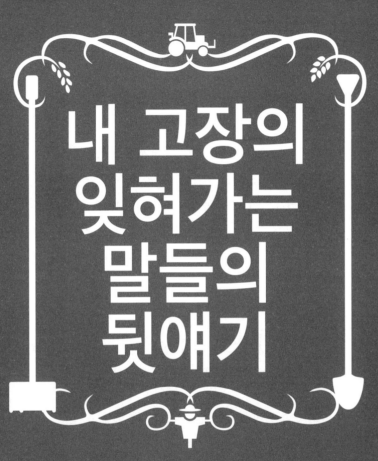

내 고장의
잊혀가는
말들의
뒷얘기

2부

가난을 용천에 댄다

가난에 대한 한맺힘을 무서운 용천(나병)에 빗댐.

가난이 원수로다. 오죽 한이 맺히면, 가난을 생각하기조차 무서운 용천나병에 견주겠는가.

가난은 나라에서도 못 막는다고 한다. 하지만 오늘날 국민 복지제도가 잘 되어 있는 선진 국가에서야 통하지 않는 말이다. 그러나 아프리카 몇몇 나라에는 날마다 몇천 명씩의 아사자가 발생한다는 신문보도에 놀라움을 금할 수 없다. 산더미로 쌓이는 시체 더미를 수수방관할 수밖에 없는 정부당국자의 심정은 어떠하랴.

가라고 가랑비

가라고 가랑비 오고, 있으라고 이슬비 온다. 소리를 딴 말장난.

'아이고 너무 오래 놀았네. 가라고 가랑비 오네.'
일어서는 벗의 바지가랭이를 붙들고
'아니여 이 사람아, 있으라고 이슬비 오네 더 놀다 가.'

가래침도 요구되다(요기되다)

몹시 배가 고파 가래침마저 삼켜 시장기를 면함을 이름.

창자는 꼬르륵꼬르륵 울어댄다. 시장한 것이다.
빈 창자에서 넘어오는 가래침을 삼켜 요기한다.

가리막 타다(가리 타다)

복잡하게 뒤섞인 일의 앞뒤를 분명하게 정리하다.

여수관계(與受關係, 주고받는 관계)를 세밀하게 가려 계산하
여 줄 것은 주고 받을 것은 받는다. '가리막 타 보세', '가리타 보
세'. 소박하고도 구수한 내음이 풍기지 않는가.

가매(가마) 타고 시집가긴 글렀어

일이 제대로 되지 않아 제 격식대로 하기는 어렵다.

신랑은 말 타고 신부네 집에 가서 혼례를 치르고, 3일 만에 신부는 가마 타고 시가로 갔다. 이걸 '삼일신행'이라 했는데, 중산층에서 이루어진 혼례행사였고 빈민층(貧民層)에서는 엄두도 못 낼 일이었다.

바람난 처녀나 봄바람에 신기루 같은 부푼 꿈을 안고 무작정 상경(上京)한 시골 처녀 거개는 화류계(花柳界)에 던진 몸이 돼 버렸다. 이런 처녀는 가매 타고 시집가긴 글러 버렸다.

가뭄에 콩나덧

아주 드물게.

'자네 참 오랜만에 보겄네. 어찌서 가뭄에 콩 나덧 허능가.'
'내가 좀 아퍼서 한 이십일 병원 신세 졌네.'
'아 그리어, 난 몰랐구만. 문병도 못 히서 미안허네.'

가시내(계집애)가 오랍시(오라버니)라 헝개 머심애 (사내아이)도 오랍시라 헌다

자기 주관 없이 남이 하는 대로 따르는 경우를 말함.

주견머리 없이 남이 좋다 하면 좋다 하고, 안 좋다 하면 저도 안 좋다고 한다.

'앵무새' 흉내처럼, 가시내가 오랍시라 헝개 머심애도 오랍시라 허는 것이다.

가실

가을의 사투리로 수확을 뜻하기도 함.

가실은 가을의 사투리인데 수확을 뜻하기도 한다.

① '올 가실은 큰놈 혼사도 치러야 허고, 도선산 시제 차례도 히야 허고, 한창 바쁘고 돈푼이 들게 생겼당개.'

② '보리가실 끝냈능가, 나락가실 끝냈능가.'

'날마닥 비가 찔끔거링개로 보리가실이 자꾸 늦어간다.'

가품(家品)

한 집안에 대대로 이어 오는 풍습이나 범절.

가품이란 한 집안의 가풍(家風, 풍습)을 일컫는 뜻인데 시어미 될 여인네가 사납지 않느냐는 뜻으로 쓰인 때가 있었으니 육십수 년 전 시절이었다. 굶지는 않고 가품도 좋으니 딸 여우라(시집 보내라)는 중신어미의 채근.

간(肝)에 기별도 안 가다

먹은 것이 너무 적어 먹으나 마나 하다.

'쇠(소) 눈깔만한 잔으로 마시자니 어디 술이 간에 기별(알림)이나 허것능가? 큰 잔 가저 오소.'

갈비 휘다

갈비뼈가 휠 정도로 책임이나 짐이 무겁다.

'농사라고 쬐꼼 지면서 자석놈들 갈치느라고 갈비가 휘네. 써럭 초만 피우니까 골연(권련) 한 갑 먹어 보지 못 허구. 막걸리 한 잔 뽄 좋게 먹어본 일 업당개.'

감질나다(감질버다)

몹시 먹고 싶거나 가지고 싶거나 하고 싶은 마음이 생기다.

1. 이놈의 비가 온대어 안 온대어, 몬지(먼지)도 갤까 말까 허게 찔끔거리고 사람 감질만내네.
2. 줄라면 주고 말라면 말지, 막걸리 한 사발 주고 감질나게 허깅가. 한 투가리 더 가저 오소. 목구멍에 간지럼만 댔으니 나올만한 말이다.

강구

바퀴벌레.

이, 벼룩, 빈대가 창궐하든 시절, 덩달아 강구까지 득실거렸으니 농 속에 들어가 옷가지를 갉아 먹고 책도 군데군데 갉아 댔다.

오 년 전 어느 종합 병원 입원실에서 잊힌 강구를 구경했을 뿐, 농촌에서 사라진 지 오래돼서 젊은 세대는 본 일도 없으니 이름조차 모르고 있다.

강짜

결혼한 상대자나 자신이 좋아하는 이성이
다른 이성을 좋아할 경우에 지나치게 시기함.

조선시대 아내를 내칠 수 있는 칠거지악으로 1. 불순구고 2. 무자 3. 음행 4. 질투 5. 악질 6. 구설 7. 도절의 일곱 가지를 열거하고 있다.

하나로부터 대여섯의 시앗을 보는 본부인이 어찌 강짜가 일어나지 않겠는가. 돌부처도 뒤로 돌아앉는다고 하는데. 우리네 할머니들은 치밀어 오는 강짜를 내색은 못 하고 피눈물을 얼마나 흘렸으랴. 한 울안에 첩을 두셋 두는 예도 있었고 인근 마을에 한 집씩 예닐곱을 거느린 예도 있었다. 그런데 가관인 것은, 첩이 첩 꼴 못 본다고 고자질을 잘하는 첩도 있었다.

강짜는 여인네만의 전유물이 아니다. 권력 다툼으로 간교와 모함으로 상대를 나락의 구렁텅이로 밀어뜨리는 남정네의 강짜는 양의 동서(洋의 東西)와 시의 고금(時의 古今)을 막론하고 영원무궁하게 이어질 것이다.

* 불순구고(不順舅姑 = 시부모에게 순종치 아니함)
* 무자 (無子 = 사내 아이를 낳지 못함)
* 음행(淫行 = 음탕한 행실)　　　* 질투(嫉妬 = 강짜. 시샘)
* 악질(惡疾 = 하늘에서 내린 불치병으로, 용천병 같은 것)
* 구설(口舌 = 말이 많음)　　　* 도절(盜竊 = 도적질)

같은 돈 열닷 냥이면

같은 값이면 좋고 예쁜 물건을 가짐을 이르는 말.

똑같은 열닷 냥이면 설령 좀 덜 받드라도 과부집 머슴 산다. 동가홍상(同價紅裳), 같은 값이면 다홍치마라지 않어….'

같잖은 것

하는 짓이나 꼴이 제격에 맞지 않고 눈꼴사납다. 말하거나 생각할 거리도 못 되다.

'소문(所聞)에 듣건대 그들은 행객(行客)들을 괴롭혔을 뿐만 아니라 근동(近洞) 사람들에게도 행패(行悖)가 심(甚)했다고 합니다. 같잖은 양반(兩班)이랍시고 부덕(不德)한 짓을 일삼는 자(者)들은 이런 기회(機會)에 뿌리를 뽑아야 합니다.'
　　　- 이상은 1990.08.08. 전북일보 연재소설 산화(山火)

같잖은 간재미가 좆이 둘이라더니 저런 자식을 두고 허는 말이여…. 아무 것도 아닌 것이, 별것도 아닌 것이 젠체로(제가 잘난체)로 헌당개….'

개가 죽사발 핥듯 매끈하다

허기진 개가 핥은 죽사발처럼 겉이 매끄러운 모습.

허기진 개 죽사발 핥고 또 핥고 무한정 핥어대니 죽그릇이 반질거린다.
'그 에펜네 낯짝은 개가 죽사발 핥은 것 같이 반지르헌디, 초독스럽기는(표독스럽기는) 둘째가라먼 서운허겄다.'

개두하다

잊은 일을 일깨워 주다.

'내가 잊어버리드라도 자네가 개두해 주소. 알어들었능가.'
'어따 알었당개, 개두해 줌세.'
'나는 깜박 잊어버렸는디, 글씨 이 친구가 개두히서 돈 찾었네,
이거 공돈잉개 우리 한 잔 허세.'

개발에 다갈 (개발에 편자)

옷차림이나 지닌 물건 따위가 제격에 맞지 아니하여
어울리지 않음을 비유적으로 이르는 말.

봄철 논밭갈이할 때 쇠발톱이 닳아서 피를 흘리며 절뚝거린
다. 소 신을 삼아(만들어) 신긴다. 달구지 끄는 소는 하루에도
몇 켤레 갈아 신기고, 말은 발바닥에 다갈(쇠로 만듦)을 박아
발톱 닳음을 방지한다. 이 광경을 호기심 어린눈으로 쳐다보
는 개. 개발에 다갈(편자)일까?.
감투를 아무나 쓰는 게 아니거늘, 공연히 허욕을 내봤자 개발
에 다갈이다.

개안(개운)허다

상쾌하고 가볍다. 산뜻하고 시원하다.

여름철 아가시(벼 세 벌 김매기)는 땀과의 피나는 전쟁이다. 등지기 잠뱅이 차림의 농군은 흡사 짐승이 논바닥을 헤쳐나가는 것처럼 보인다.

어느 사또(원님)와 이방의 대화 한 토막이다.

'저게 뭣이냐, 논바닥을 헤쳐나가는 저 짐승 말이다.'

'예-, 저것은 짐승이 아니오라 농군이 세 벌 김매는 아가시를 하는 것이옵니다요.'

'그래 저것들도 계집이 있다냐.'

아가시 작업시간은 짧다. 열한 시쯤이면 일손을 놓고 풍덩 도랑에 뛰어들어 땀을 씻는다.

'어어 개안허다.'

이구동성으로 내뿜는다.

개자리

농기계의 선회 따위를 하기 위하여 작업을 하지 않고 남겨 놓는 땅.

논갈이할 때 논 네 귀퉁이는 쟁기를 채운 소를 몰아 돌 수 없어, 큰 개 서너 마리 또는 너댓 마리 누울 만큼이 남게 되는데, 이걸 개자리라 하며 사람이 삽질로 파야 한다. 쟁기질 구경하기 어려운 세상이 돼서 잊혀가고 있다.

개좆머리(개좆부리)

'감기'를 속되게 이르는 말.

개좆머리 들었다, 개좆부리 걸렸다 함은 감기 들었다는 말인데, 요즘에도 노년층에서 심심찮게 쓰이고 있는데 점잖치 못한 이 말의 어원(語源)은 알 수 없다.

개평꾼

노름이나 내기 따위에서 남이 가지게 된 몫에서 공으로 조금 얻어 가지는 사람.

도박판에는 말(馬) 죽은 데 체장수 몰리듯, 으레 개평꾼이 꼬여 들기 마련이다. 한구석에서 새우잠을 자는 척하다, 돈을 많이 딴 사람이 있게 되면 벌떡 일어나 내일 아침 해장값 좀 도라(달라)며 돈을 뜯는다. 비단(非但) 도박판뿐이 아니다. 남의 술자리에 불청객이 슬쩍 끼어들어 개평술(공짜술)을 얻어 마시는 자, 계모임에 달려들어 실컷 퍼마시고 미주알고주알 떠벌이고 판을 깨는 자, 이 개평꾼 일급 면허증 소지자는 영원불멸(永遠不滅)의 영예를 간직할 것이다.

거덜나다

완전히 없어지거나 결딴나다.

쪽지게(작은 지게) 지고 벌어논 재산 갓 쓴 자식놈 주색잡기로 거덜나 버렸다.

거들다

남이 하는 일을 함께하면서 돕다. 남의 말이나 행동에 끼어들어 참견하다.

삯을 받지 않고 일을 도와주는 것을 거들어 준다고 한다. 메질할(방아 찧을) 때 고개만 까닥거려 주어도 수월하다 한다.

거들떠보지도 않다

낮보거나 업신여겨 쳐다보려고도 않다.

내가 밥술이나 먹고 행세깨나 헌다먼야, 이생완(李生員-이생원) 어디 가시오 인사라도 헐 것이여…. 내가 요 모양 요 꼴이 되아버링개 어떤 놈도 거들떠보는 놈이 없단 말이세.'

거들먹거리다

신이 나서 잘난 체하며 자꾸 함부로 거만하게 행동하다.

'니가 돈냥이나 있다고 안하무인(眼下無人)격으로 거들먹거린 다만은 어디 몇 조금(음력 8일. 23일. 한 달에 두 번. 조수량이 적을 때)이나 가는가 보자. 남산골샌님 아래턱 까부는 것이 텃 논 팔아먹을 징조닝개.'

거리속

일의 내용이나 실속.

낫 놓고 기역 자를 못 그려도 일거리의 내용, 대강의 요점(要 點)을 쉽게 파악하여 문사(문중일)며 애경사 등 큰일을 차질없 이 척척 꾸려나가는 재주꾼이 있는 반면, 상당히 배운 사람도 거리속을 몰라 어리둥절 우왕좌왕하는 일이 허다하다.

거마리(거머리)는 기상(기생) 죽은 넋

기생 죽은 넋이 거머리로 태어나서 사람의 피를 빨아먹는다는 믿음에서 생긴 말.

기생 가운데는 의기(義妓)며 풍류 시인도 적지 않았다. 그러나 대부분은 남의 재물을 탐내는 기생충 같은 존재로 인식돼 왔다.

그래서 기생 죽은 넋이 거머리로 태어나서 사람의 피를 빨아먹는다고 믿고 있었다.

약 30여 년 전만 해도 모내기하는 사람의 뒤를 따라다니면서 장딴지에 붙은 거머리를 매운재 담은 쪽박(바가지)에 떼어 담았다.

낙엽이 썩어 지저분한 산 아래 논은 몇 배가 더 있었다. 줄포면 난산리 목상마을 문판길씨의 아버지(문판길씨도 10여 년 전에 작고)는 거머리에게 희생된 분이다. 모내기를 마치고 거나하게 술에 취하여 잠에 곯아떨어졌는데, 새벽녘에 오줌 누러 잠을 깨니 불알이 근질거려 잠뱅이를 벗어보니 손가락보다 더 굵은 거머리가 붙어 있는 게 아닌가.

방바닥까지 피가 흥건히 번져 있었다. 약 65년 전쯤에 있었던 일이었다. 상처는 걷잡을 수 없이 악화되어 결국 세상을 하직하고 말았다.

* 매운재 = 밥 지을 때 땔감으로 쓴 콩대, 메밀대의 재를 매운재라 하며

구멍 뚫린 동이에 담어 물을 조금씩 여러 차례 부어 여과시키면 불그스 레 해진다. 이 물을 세탁비누 대용으로 사용했다.

* 문생원이 거마리의 희생이 되었던 시절 농촌에서는 한 마을에서 몇 집 을 빼고는 병원은 꿈도 못 꿀 일이고 약국에조차 못 갈 형편이었으니 민간요법인 단방약을 쓰는 것이 고작이었으니 억지 죽음이 다반사였 다.

거침새

거추장스럽게 걸리거나 막히는 것을 비유적으로 이르는 말.

에펜내(여편네)가 있냐, 자식 새끼가 있냐. 거침새 하나 없이, 나 혼자 고깃덩이다.

건너다 보면 절터

내용을 하나하나 따지지 않아도 어림짐작으로 다 알 수 있다는 말.

능란한 솜씨를 재치라고 하는데, 재치 있는 사람은 사물을 보거나 남의 말을 들을 때 금세 핵심을 잡는 법이니, 쩍하면 배고픈 사람의 입맛다심이요, 저 건너다보니 절터 아닌가.

건성굴레

어떤 일을 성의 없이 대충 겉으로만 하는 사람.

멍청하지 않은데도 치밀하고 꼼꼼하게 하는 게 아니라 그저 건성건성 해치운다. 계획성이 없고 닥치는 대로 기분 내키는 대로 행동하는 건성굴레.

걸다

흙이나 거름 따위가 기름지고 양분이 많다. 음식 따위가 가짓수가 많고 푸짐하다.

개(바다)가 걸어야(고기가 많이 잡혀야) 농사도 풍년 든다고 전래(傳來)되는 말이 매우 신빙성(信憑性)이 있다. 그러나 이 믿음도 줄포만이 30여 년 전 폐항(廢港)이 되어 뱃고동 소리 끊기고 갈매기 사라진 후로는 잊혀져 버렸다. 상을 걸게 차렸다. 이런 식으로 '걸다'는 퇴색되었다.

게으른 소 멍에 분진다 (부러뜨린다)

맡겨진 일을 의무감에서 마지못해 하다가 일을 그르침을 빗대는 말.

사람이고 짐승이고 간에 타고난 성품이나 행동거지(行動擧止) 는 비슷한 법. 소의 경우 용맹스러운 놈, 표독스럽게 사나운 놈, 부지런한 놈, 꼬박꼬박 저 할 일 하는 놈, 부잣집 맏며느리 처럼 묵직한 놈 등 가지각색이 있어 대개 그 생김새에 걸맞은 짓을 한다.

그중에 게으른 놈이 있어 사흘 굶은 놈 걸음걸이로 느릿느릿

쟁기를 끌다가 딱 걸음 멈추기를 수없이 해댄다. 선일꾼(쟁기 질꾼)의 욕설과 고함(高喊)에도 끄떡 않는다. 화가 머리끝까 지 오른 선일꾼이 작대기를 휘둘러 너 죽어라 사정없이 두들 겨 패고 나서, 되돌아와 미처 쟁기 잡을 사이도 없이 화가 난 게으른 소가 금강력(金剛力. 금강처럼 굳센 힘)으로 냅다 내달 려 멍에는 부러지고 쟁기가 뒤집히고 만다.

계란 찌고

'삼타리떡(삼타리에서 시집 온 여인. 떡은 댁), 나 큰일났어.'
'왜'
'글씨말이어. 쥐구멍에도 해뜰 날 있다고 들은 일이 있는디 말 이여. 내일 먼가 허는(뭔가 행세깨나 하는) 일가 양반이 온대 어. 생걱정 생겼당개. 큰일 났당개. 보리죽마저 제대로 먹지 못하는 똥구멍이 찢어지게 가난한 집구석에 무슨 손님이당 가.'
'그리여. 너무 걱정마. 노랗게 달걀(계란) 찌고. 검어도 해우(김,

해태) 굽고, 말라도 명태(마른 명태) 찢고, 꼽살미 웃봉지 연꼬
(꽁보리밥에 쌀밥 얹고), 이러케 허면 안 되능가?

'정말 명처방이로구면.'

'양식 없으면 쌀밥 먹고, 나무(땔감) 없으면 장작 땐다고, 외상
이면 소도 잡어먹는다는디 외상 줄 놈 어디 있겄지.'

고드름에 초친다

배가 고파 고드름으로 냉국이라도 만들고 싶은 심정을 빗댄 말.

처마에 주렁주렁 달린 고드름, 정말 먹음직스럽다. 이걸 따서
초를 쳤건만, 어름은 역시 어름. 몰라서 쳤간디. 하도 고파서
(배고파) 히본 것이지.

고리탑탑하다

냄새나 공기가 신선하지 않아 고리다.

'고리탑탑헌 놈의 소리 더 들을 것 없네. 우리 가만히 꽁무니 빼세'.

어느 강연회나 회의석상에서 더러 있는 일이다. 진부한 언사(言辭)를 더 들을 것이 없으니 앉아 있을 필요 없지. 젓갈류가 약간 변질되어 풍기는 냄새처럼 신선미가 없기 때문이다.

고자리도 오뉴월이 한창

모든 일에는 한창 가치가 오를 때가 있기 마련임을 빗댄 말.

고자리도 오뉴월이 한창이듯, 모든 일에는 한창 시세 나가는 때가 있다. 건축 붐이 일면 목수가 단세나고(천세나다. 매우 귀해지다), 토목공사가 한창일 땐 중장기 기사가 그렇고. 농사철엔 일꾼의 세상, 운동경기때는 운동선수가 한창이다. 꽃이 시들면 오던 비도 아니 오고, 나무도 고목 되면 오던 새가 아니 온다. 명성을 떨치던 유명인사(有名人士)며 문전성시(門前成市)를 이루던 권문세가도 세(勢)가 기울면 하루아침에 문전에 사람 그림자를 볼 수 없게 된다. 이래서 권세 따라 대접이 달라지는 염량세태(炎涼世態)라 하지 않는가.

고장 안 나면 기계 아니고

고장 안 나는 기계 없듯이 실수 없는 사람 없다는 의미의 말.

비행기도 열차도 고장을 일으켜 세계 곳곳에서 대형사고의 참사가 발생한다. 국제적인 인사 중에도 실수하여 매장당하는 실례(實例)도 적지 않다. 고장 안 나면 기계가 아니고, 실수 안 하면 사람이 아니라고 한다.

고지

논 한 마지기에 대하여 얼마의 삯을 정한 후,
모내기로부터 마지막 김매기까지 일을 해주기로 하고서 미리 받아 쓰는 삯.

'조불식석불식(朝不食夕不食. 아침밥도 못 먹고 저녁밥도 못 먹는다)'의 시대에 '고지'란 게 있었다. 한 마을에 두서너 섬지기(한 섬지기는 20마지기, 한 마지기는 200평) 짓는 농가는 많아야 두세 집이고 10여 마지기의 농가도 불과 몇 집이요, 대부분은 소작농(임차농, 논 한 마지기에 벼 200근 내지 300근의 선자-소작료를 바침)이고, 품팔이로 연명하는 비농가는 3분의 1을 차지하고, 반수 이상인 마을도 더러 있었다. 천석꾼 만석꾼 지주(地主)는 대여섯 명의 머슴을 두고, 닷 섬지기(100마지기)에서 10여 섬지기를 짓는 농가도 한 면내에 열 명 넘게 있었다. 설 명절은 임박하는데 먹을 게 없으니, 유일한 방법은 고지를 내는 길밖엔 없다.

* 고지의 형태 : 다음 해 농사지어 주기로 하고 선물(先物)을 받는 방식으로 한 마지기에 쌀 한 말로 닷마지기면 닷 말을 받는다. 모개비(책임자)에게 10분의 1을 사례한다. 고지꾼이 도망가면 모개비가 그 몫의 일꾼을 채워야 한다. 고지 한 몫에 이듬해에 모심기, 초벌 호미질 김매기, 두벌 호미질 김매기, 세벌 손으로 김매기, 벼베기의 닷새 일을 해준다.
* 천석꾼은 일 년에 천 석의 소작료를, 만석꾼은 만 석을 거둔다.

곧이 안 들어

말한 그대로 완전히 믿지 않는다.

'얼래 야든 살이라고라우? 누구도 곧이 안 듣겄소. 굉장이 정괄
허구만이라우(정정하구만요). 한 일흔 살 잡수셨다 허면 곧이
듣겄소.'

공것이면 양잿물도 먹는다

공짜라면 분별없이 전부 거두어들이는 것을 비꼬아 이르는 말.

공것(공짜)이면 양잿물(가성소다)도 굵은 걸로 골라 먹는다 한다.
공것 좋아하면 이마빡(이마) 벗어진다고 하는데, 여기에 불가
사의한 일이 있다.

한평생 공직생활에 쓸만한 집 한 채 못 장만하는 세상에, 몇천
만 원을 치부한 전직 공직자도 부지기수라는 세상이고 보니,
도시락 싸 짊어지고 카메라 메고서 이들의 이마빡 좀 살펴봤
으면 싶네.

공방풀이

나이 어린 새색시가 나이 든 남편이 무서워 합방 못 하는 걸 풀어주는 일.

반세기 전엔 '공방풀이'란 것이 있어 점쟁이나 단골네(무당)들에게 짭짤한 수입원(收入源)을 제공했었다. 어린 새댁은 남편 방에 들어가지 않으려고 기를 쓰고 마당가나 울타리 밑에 쪼그리고 앉아 밤새우기로 작정한다. 얼르고 달래도 속수무책이다. 친정으로 줄행랑을 친다. 친정아버지는 곰방대를 재떨이에 탕탕 치면서 연신 담배만 피우면서 '후-' 한숨만 내뿜고

'이년아 너는 죽어도 그 집 귀신 되어야 히여. 어쩌자고 날 죽일라고 허여. 이년 너 죽고 나 죽자' 어머니는 눈물 콧물 쏟아내면서 끊임없는 넋두리.

다음날 친정어머니는 도수장에 끌려가는 소처럼, 죽음의 현장에 끌려가는 사형수와 같이 한 발자국씩 떼어 놓는 딸을 데리고 사돈네 집으로 데려간다.

이런 일이 수없이 되풀이되어도 '공방'은 풀리지 않는다. '공방풀이'를 하려면 돈이 있어야 한다. 목구멍에 풀칠하기 바쁜 살림살이에 엄두를 낼 수 없다. 이래저래 미루다가 점쟁이나 단골네 집으로 발길을 옮기게 된다.

굿의 영험이 있어 차차 공방이 풀리고 아들딸 낳으며 일생을 마친다. 사실인즉, 30 가까운 노총각에 12-3세의 어린 새댁이니, 이성 관계나 성관계를 알 리 없다. 남편과의 잠자리가 얼

마나 무서웠을까? 액(厄)이 끼었느니 묘를 잘못 쓴 탓이라느니 괜히 귀신 탓 선영 탓을 했지만, 시간이 지나면서 자연스레 합 방하고 성에 눈을 뜬 것이다.

구석

마음의 한 부분이나 사물의 한 군데.

'너 왜 촐랑새처럼 촐랑거리냐, 점잖은 구석이 있어야지. 사내 가 돼갔고 그러면 못 써야.'

'창돌이란 놈 지가 멀 믿고 큰소리 땅땅 치는지, 똥구먹 가린지 (가려운지) 몰으겄어'.
'너 사람 그렇게 보지 말어. 병신 뒤에 참신 있고 못난 놈 뒤에 잘난 놈 있는 법이여. 그놈도 다 믿는 구석이 있어서 그러능기 여. 저그 사촌성(형님) 인가 먼가가(무엇인지) 서울서 큰 자리 있다고 허드라. 글씨(글세) 도지사도 꼼짝 못 헌다고 허드라. 그놈이 믿는 구석이 있응개 그러는 거여….'

구시렁구시렁하다

못마땅하여 잔소리나 군소리를 자꾸 되풀이하다.
혼잣말처럼 작은 소리로 자꾸 말을 되풀이하다.

정지(부엌)에 가서 두런두런 구시렁거리고 방에 들어와도 구시
렁거리며, 이걸 저쪽으로 던지고 저걸 이쪽으로 밀어붙인다.
남이 알아듣지도 못할 낮은 소리로 귀신 씻나락 까듯 구시렁거
린다.

왜 그럴까? 아마도 머리와 온몸을 휘감은 불평불만을 내색하
지 못하고 속앓이를 하는 것일 거다. 이걸 두고 속내종(늑막
염) 앓는다고 한다.

구십머리(구습머리)

입에 배어 흔히 나타나는 말버릇이나 행동을 속되게 이르는 말.

논이 걸어야 벼농사가 잘되고 잔칫상이 걸어야 먹고 마실 것이 많다. 입[口]이 건 사람은 제 딴에 숙습난당(熟習難當. 무슨 일이 익어서 몸에 밴 사람에게는 당하여 내지 못함)으로 큰소리 탕탕 치고 남을 비방하고 자기과시(自己誇示)를 해 대며 때론 욕설을 늘어놓으면서 구십머리를 해 댄다.

말은 많아 함부로 구십머리를 놀려 망신살을 자초할 일이 아니란 걸 재삼 음미해 본다. 말로 천 냥 빚을 갚는다는 옛말이 있다. 입버릇 말버릇 조심해야 할 일이다.

구잡스럽다(부잡스럽다)

사람됨이 성실하지 못하고 경망스러우며 너절한 데가 있다.

아장아장 걸어다니며 회초리로 병아리를 때려죽인다. 아버지가 끌러놓은 손목시계를 돌로 쳐서 망가뜨린다. 물그릇을 엎지르고 밥상을 밀어뜨려 요절을 낸다. 밥상에 올라가 똥을 싼다. 눈만 뜨면(잠에서 깨어나면) 말짓만 하는 놈. 유별나게 구잡스런 놈이 있다.

구정물 통에 호박씨 놀듯

큰 틀을 벗어나지 않고 둥글둥글 어울려 지냄을 이르는 말.

형수한테 주걱으로 뺨을 얻어맞은 흥부는 한 대 더 때려 달라
고 한다. 볼테기에 붙은 밥테기를 떼어 먹고 싶어서.
수채 구멍이나 구정물 통에서 밥테기가 눈에 뜨이는 날엔 바
깥양반의 호통에 안식구는 혼비백산(魂飛魄散)하는 판.
밥테기는 눈에 뜨이지 않고 물불은 호박씨만 구정물 통에서
요리조리 떠다니면서 놀아난다. 구정물 통에 호박씨 놀듯 모나
지 않게 둥글게 어우렁더우렁 지내는 게 최고.

국내 장내 아는 놈

남의 집 국이나 장맛까지 속속들이 아는 사람.

그 집 된장맛이 감칠맛이 있는데 국이 짠 것이 흠이고, 삼 년 묵
은 간장은 달보래(달콤)하고 꼬시럽드라(고소하더라). 시어머니
는 어떻고, 며느리와 딸의 성품이며 행동을 꿰고, 큰 창고에는 무
엇이 꽉 차 있고, 작은 창고는 무엇이 가득하드라 하며, 거울 속
을 들여보듯 훤-히 꿰고(엽전을 꾸미에 꿰듯) 있는 이런 놈이 그
집 말을 물어내고(소문 퍼뜨리고) 물건도 슬쩍 한다. 그래서 사
소한 물건이 없어지면, 국내 장내 아는 놈 짓거리라고 한다.

굶어 보지 않은 놈
배고픈 설움 모르다

쓰라린 고통을 겪어보지 않은 사람은 남의 어려움을 모른다.

굶어 보지 않은 놈 배고픈 설움 모른다고, 쓰라린 고통을 당해 보지 않은 사람이 어찌 남의 설움 알까 보냐. 그래서 과부 사정 홀애비가 알고 홀애비 사정 과부가 안다고 한다. 처지가 엇비슷하기 때문이다. 부모 덕분에 호의호식(好衣好食) 호강스럽게 성장한 사람 세상 물정 모른다.

권도살림

그때그때의 형편에 따라 이리저리 둘러맞춰서 살아가는 살림.

일정한 생업(生業)이 있는 것도 아닌데, 굶지 않고 헐벗지 않으며 가솔(家率)을 거느리는 사람을 일컬어 권도살림이라 했다. 권문세가(權門勢家)에 빌붙어 천부(天賦)의 구별과 탁월한 수완을 발휘하여 술과 음식을 대접받고 용돈도 얻어 쓴다. 때로는 돈주머니가 두둑이 채워지기도 한다. 쪽지게 지고 벌어서 두 식구 연명하기도 어려운 판에….

귀동냥

어떤 지식 따위를 체계적으로 배우거나 학습하지 않고
남들이 하는 말 따위를 얻어들어서 앎.

귀동냥이란, 직접 보고 들은 것도 아니고 떠도는 소문을 귀로
들어서 아는 것이다. 동량(洞糧)이란 승려가 시주(施主)를 얻
으려고 돌아다니는 일이나 그렇게 얻은 곡식을 말한다. 중이
쌀 같은 것을 얻으려고 이 집 저 집으로 돌아다니며 문전에서
방울을 흔들기도 하는 걸 동령((動鈴)이라고 했는데, 동량과
동령이 변해 동냥이 되었다고 한다. 걸인이 중처럼 동리(洞里)
를 돌아다니며 밥을 얻고 양식도 얻는 일이 동냥이 된 것이다.

귀먹은 중 마 캐듯

남이 하는 말을 알아듣지 못하고 제 할 일만 함을 비유적으로 이르는 말.

길손이 절[寺]로 가는 길을 물으니, 밭에서 마를 캐던 귀먹은
스님이
'나 마 캐어-.' 소리만 연발한다.
동문서답(東問西答)이다.

귀신 씻나락 까먹는 소리

분명하지 아니하게 우물우물 말하는 소리를 비유적으로 이르는 말.
이치에 닿지 않는 엉뚱하고 쓸데없는 말.

어물거리며 옆 사람도 못 알아듣게 말할라치면,
'이놈아 귀신 씻나락 까먹는 소리허지 말고 알어듣게 허라.'고 편
잔을 준다.

먹을 게 없는 겨울에, 종종 종자로 쓰기 위한 씻나락(볍씨)을
까서 먹고서, 추궁당하자 '귀신이 까먹었다.'라고 말한 데서 유
래했다고 한다. 또 다른 설은, 경상도 지방에서 제사상이 허술
해 먹을 게 없자, 귀신이 고픈 배를 움켜쥐고 광에 가서 씻나락
을 까먹은 데서 왔다고도 한다.

귀신은 경문에 막히고
사람은 인정에 막힌다

사람은 인정이 있어서 사정하는 사람에게는 어쩔 수 없음을
비유적으로 이르는 말.

경바치(경문을 읽는 사람)의 독경(讀經)은 귀신을 불러들여
소원을 풀어주기도 하고, 한턱 잘 먹여 몰아내기도 하는 걸로
믿는 사람이 많다. 그래서 신출귀몰(神出鬼沒)하는 귀신도 경
문에는 막힐 수밖에 없다고 한다.

우리네 인간은 인정 때문에 행동을 함부로 하지 못한다. 이웃에서
소 한 마리 가지고 다투지 말라고 한다. 사정하는 사람에게는
어쩔 수 없는 법이다.

귀신이 곡(哭)할 노릇

신기하고 기묘하여 그 속내를 알 수 없음을 비유적으로 이르는 말.

귀신이 있느냐 없느냐는 현대문명사회에서도 시원하게 풀 수 없는 명제(命題)라고 생각된다.

기독교에서는 마귀(魔鬼)라 하여 귀신의 실존(實存)을 인정하는가 싶다.

시세는 귀신도 모른다. 주식시세는 귀신도 모른다고 한다. 일이 잘 풀릴 때나 반대 현상일 때, 그 속내를 알 수 없을 때, 귀신이 곡할 노릇이라고 흔히 쓴다.

귀짜다

사전에 말을 맞추는 것을 이르는 말.

'내가 이러이러 말할라치면 너도 따라서 그렇게 히야 헌다.'

사전에 말을 맞추는 것을 귀 짰다, 귀 짠다고 한다,

몇이서 귀 짜가지고 한 사람 골탕 먹이는 것은 해장감도 안된다.

사기꾼 사기 도박꾼들의 전매특허품이다.

- 기라우

- 하는가요.

'어디 가시는기라우.'
어데 가시는가요의 사투리이다.
'분통골 양반 논에 가셨능기라우.'

기름 먹은 강아지

기름 맛을 본 개가 자꾸 기름을 먹고 싶어 한다는 뜻으로,
자주 어떤 일을 또 하고 싶어 하는 모양을 비유적으로 이르는 말.

속이 출출하다. 어슬렁어슬렁 주막에 간다. 술판이 벌어지고
있겠다.
'이사람들 나도 한 잔 주소'
불청객이 스스로 와서, 물논에 오리 앉듯 덥석 주저않는다.
'어이 나 담배 한 대 주소' 술 마셨으니 담배 생각이 나겠다.
초상집에 공짜 조문으로 출상할 때까지 눌러앉아 먹어댄다.
기름 먹은 강아지 기름 생각만 하듯.

기생오래비

기생과 같이 곱게 생기거나 몹시 모양을 내거나 잘 노는 남자를 낮잡아 이르는 말.

기생 여동생한테 돈을 뜯어 옷치장을 번지르르 차리고, 술집이나 투전판(도박의 일종)을 기웃거리며 놀고먹는 기생오래비, 기생충 오빠.

기알젓(게알젓)에 서숙(조)밥

작은 게알젓과 서숙밥처럼 자질구레한 것들을 일컬음.

게알은 아주 잘고 곡식 중에 조도 잘다. 잔소리는 말이 잘다.
잔소리하는 사람에게 핀잔 주는 말로
'기알젓에 서숙밥 먹었능가? 웬 잔소리가 그리도 많이여. 그만 히두어.'

– 기요
- 하는가요.

'진지 잡수섯능기요.'는 '진지 잡수셨는가요'의 뜻이다.
'어디 가시능기요.'
'어디 갔다 오시능기요.'
'뒷골양반 언지 오셨능기요. 사랑으로 드시기라우.'

기와집 팔아 못 고친 병
돈 닷 돈에 나았다

많은 돈을 들여 온갖 처방으로도 못 고친 병을, 싼값에 고친 경우를 이르는 말.

이름난 의원이나 약방도 찾아다녔고, 천병만약(千病萬藥)이라
온갖 단방약(單方藥)을 이것저것 수없이 써 보는 사이 기와집
한 채가 날아갔다.
죽기로 작심하고 마지막으로 닷 돈(엽전 50개)의 단방을 써 보았
는데, 씻은 듯이 병이 나았다. 인간 만사 이론만으로 되는 것은
아닐성싶다.

까락까락 따진다

어떤 일의 아주 작은 부분까지 낱낱이 따지는 경우에 쓰임.

금융기관의 계산방식을 본따서 상환기일 하루 이틀 넘겨도 까락까락가닥가닥 이자를 따지는 노랭이.
이웃사촌이니 이웃과 소 한 마리도 다투지 않는다는 속설은 전혀 통하지 않는다.

까시버시(가시버시)

'부부'를 낮잡아 이르는 말.

부부지간의 호칭이 '신랑 신부', '서방 각시', '남편 아내', '부군과 주부', '놈팽이와 여편네' 등 여러 가지 있는 중에도, '까시버시'란 말은 아주 생소하게 들리겠지만 이 고장에서는 흔히 쓰였다.
지금은 거의 잊히고 촌로(村老)들 사이에나 더러 쓰이고 있다.
그뿐이랴, '내외간'이란 말도 차츰 퇴색하고 있다.

깐드락깐드락(싸드락싸드락)

일을 힘들게 하지 않고 되는대로 천천히 하는 모양.

댐배 한 대 먹고(담배 한 대 피고) 깐드락깐드락(싸드락싸드락)
히 볼끄나(하여볼까).
조반석죽(朝飯夕粥. 아침에는 밥을, 저녁에는 죽을 먹는다는
뜻으로, 가난한 살림을 이름)도 어려운 판국이니 먹은 것이 있
어야 힘내서 일할 것 아닌가.

깔끄막에 놓아도 반듯하다

기울어진 곳에 놓아도 치우치지 않고 바름을 이름.

기울어진 깔끄막에 놓은 물그릇의 물은 반드시 기울어지거늘,
어찌 자기 주장을 여기에 빗대어 내세우는지 모르겠다.
'그려도 내 말은 반듯히여….'

깔쟁이(꼴쟁이)

조선 시대, 관례(冠禮)를 마친 소년이 초립(草笠)을 썼던 데서,
나이가 어린 사내를 비유하여 이르던 말.

초립동(草笠童이, 깔쟁이), 여남은(십여) 나이의 사내아이들
이, 장가든 지 얼마 안 된 어른이 동네 앞을 지나갈 때면 뒷동
산에 모여 있다가 우르르 몰려들어 골려댄다.

폭력을 쓰는 일은 절대 없고, 그저 놀리기만 했다. 초립을 벗겨
써보는 놈 옥색(玉色) 두루마기를 벗겨 입어 보는 놈, 마누라
가 몇 살이냐 이쁘냐며, 온갖 구잡스런(짓궂은) 장난을 해댔다.

깝죽대다(깝죽거리다)

신이 나서 몸이나 몸의 일부를 자꾸 방정맞게 움직이다.
자기 분수에 맞지 않게 자꾸 까불거나 잘난 체하다.

어린애의 깝죽거림은 애교 있어 웃음을 자아내게 하니 보기
좋다. 그러나 낮살(나이)이나 든 사람이 꽁지 빠진 할미새처럼
깝죽대는(꽁지 빠진 것은 생각지도 않는 듯 궁둥이를 까불까불
하는) 모습은 한 푼어치도 볼품없다.

깨진 그릇 맞추기

한번 그릇된 일은 다시 본래대로 돌리려고 애써도 되지 않는다는 말.

한 손으로 허기진 배를 움켜쥐고 또 한 손으론 머리 위에 얹은 물동이 한 쪽 귀(꼭지)를 잡고 막 정지(부엌) 문지방을 넘다가 머리가 핑그르 돌면서 앞으로 꼬꾸라지고 말았다. 철푸덕 소리와 동시에 물동이는 바삭바삭(산산조각).

쏟아진 물은 아궁이로 흘러들고. 깨진 물동이 조각을 요리 대보고 조리 맞쳐본들 죽은 자식 불알 만지기다.

'야야, 너는 다쳤던지 말었던지 물동우는 안 깨졌냐?'

시어미의 앙칼진 소리가 귓전을 때린다.

깨팔로(팔러) 가다

옷을 벗는다는 뜻인 깨팔다((깨벗다)는 이승에서의
모든 옷(미련)을 벗고 저승에 간다는 뜻이 있다.

사람의 생명은 귀중한 것, 부귀빈천을 가릴 것 없이 한번 가면
되돌아올 수 없으니, 수명의 장단을 막론하고 저세상으로 가
버린 사람을 애도하는 것이 인지상정(人之常情)이어늘, 꼭 그
렇지만도 않은 것이 또한 인간세태(人間世態)임을 부인할 수
없는 노릇이다.

'아니 그 아까운 물건이(지겨운 인물의 역설적 표현) 깨팔로 갔
어. 그것 참 시원-섭섭허게 되았구만.' 이게 첫 번째 유형이다.

'어- 안되았다. 그런 사람은 오래오래 살었어야 허는디….'

'아-ㅁ. 그러고 말고.' 이구동성(異口同聲)으로 애도한다. 이것
이 둘째 유형.

세 번째 유형은, 온 국민이 땅을 치며 대성통곡(大聲痛哭), 방
성대곡(放聲大哭). 하늘도 울고 땅도 울고, 산천초목도 슬퍼
하는 그런 큰 인물의 죽음이다. 백범 김구 선생과 해공 신익희
(海公 申翼熙) 선생의 예.

껄떡거리다

조금씩 세게 자꾸 삼키는 소리를 내다.
음식을 먹거나 물건 따위를 갖고 싶어서 자꾸 입맛을 다시거나 안달하다.

체면 따위 아랑곳없고 눈치코치 볼 것 없이 껄떡거린다. 애경사에는 약방의 감초다. 남의 술상에 덥석 주저앉아 술을 마셔 대고 일왈(한편으로 일러 말하며) 지랄해 댄다. 탓하는 이 아무도 없이 멋대로 놀아난다.

꼬라지내다

성내다.

정작 크게 화를 내야 할 때는 꿀 먹은 벙어리가 되면서도, 웃고 넘어갈 사소한 일에는 불쑥불쑥 꼬라지를 내어 불쾌감을 안겨 준다. 꼬라지내려고 태어났는지 정말 진절머리 난다.

꼬시레(고시레)

들이나 산에서 음식을 먹을 때나 무당이 굿을 할 때 귀신에게 먼저 바친다는
뜻으로 음식을 조금 떼어 던지는 일, 또는 음식을 떼어 던질 때 하는 말.

논밭에서 새참을 먹을 때면 막걸리잔을 뿌리고
'꼬시레-, 올해도 풍년들게 해주오. 비가 오게 해주오. 장맛비
그만 오게 해주오' 등등 천지신명(天地神明. 하늘과 땅의 여러
신)께 먼저 술대접을 하고 나서야 주식(主食)을 드는 아름다운
풍습이 있었다.
여기엔 농사꾼의 소박한 소원이 담겨있다. 일판에서 노랫소리
며 꼬시레 소리도 이젠 옛말이 되어 버렸다.

꼭감(곶감)만 사오면
열두 가지 반찬 만들 줄 안다

재료만 있으면 멋진 음식 솜씨를 발휘할 수 있음을 빗댄 말.

아내의 형편 없는 반찬 솜씨를 늘상(늘) 탓한다. 좋은 노래도
장 들으면 싫은 법인데 심통이 좋을 리 없다.
'왜 솜씨 없어 그러가디. 꼭감만 사와바. 나도 열두 가지 반찬 만
들 줄 안다고.'

꼽꼽허다

꼼꼼하다.

'자네 집 짓는담서 누구한티 맽겼능가.'
'재순이헌티 부탁혔구만.'
'으응 잘 혔네 잘 혔어. 그 사람 참말로 꼼꼼해서 뒷말 없이 잘
허는 사람잉개.'

꾀복쟁이 친구

어릴 때부터 함께한 단짝 친구, 이물 없는 친구.

너댓 살 되기까지 따뜻한 계절에는 코흘리개 꼬마 녀석들은
발가숭이로 뛰놀고 싸우며 자랐다. 죽마고우(竹馬故友)란 말
은 장난감이 없던 시절이라 거리가 멀고, '꾀복쟁이 친구'란 말
이 실감이 나고 감칠맛도 난다.

꾸엉 꾸엉(꿩 꿩) 장서방

꿩의 수컷인 장끼를 이르는 말.

'꾸엉 꾸엉 장 서방. 멋 먹고 사능가.'

'앞집에서 콩 한 되 뒷집에서 퐛(팥) 한 되… 그럭저럭 먹고 사네.'

장설(壯雪. 많이 오는 눈. 대설)에 굶어 죽진 않았는지 염려된다. 저도 굶는 주제에 꾸엉까지 걱정한다. 별 하나 따서 구워서 불어서 먹고, 별 둘 따서 구워서 불어서 먹고. 별을 수없이 주워섬긴다. 하늘의 별도 딸 수만 있다면야….

꾸엉(꿩) 잡는 게 매

실제로 이름에 걸맞게 제구실해야 한다는 말. 방법이 어떻든 간에
목적을 이루는 것이 가장 중요함을 비유적으로 이르는 말

농사꾼은 노력한 만큼의 가을걷이를 하고, 장사꾼은 밑천 들인 만큼 소득을 봐야 하며, 성실히 근무한 직장인과 공직자는 그에 상응하는 대우를 받아야 한다. 그러나 변화무쌍한 세태는 이걸 어기는 게 정도(正道)가 돼버린 것 같다.

무지무능한 자가 사다리 몇 계단을 뛰어넘어 밑을 내려다보며 호령한다. 급기야(及其也. 필경에는) 졸부(猝富. 벼락부자)가 된다. 꿩 잡는 게 매라고, 옆으로(모로) 가도 서울만 가면 되는 것이니까.

꾸역꾸역

음식을 많이씩 계속해서 마구 먹어대는 모양을 나타내는 말. 한군데로 많은 사람
또는 사물이 잇따라 몰리거나 생기거나 하는 모양을 나타내는 말.

삼층밥(주걱으로 꾹꾹 눌러 담고 그 위에 올려 담은 후 양쪽
옆을 주걱으로 탁탁 쳐서 흘러내리지 않게 하고 또 올려 담는
밥)을 게눈감추듯 먹어대고 가반(加飯. 더 받은 밥)까지 꾸역
꾸역 창자에 처넣는다. 밥술이나 먹고 사는 친정에 다니러 온
딸이 떠날 때에 이것저것 꾸역꾸역 보따리에 처넣는다.

꿈에 떡 얻어먹기

욕망을 다 채우지 못하여 어딘지 서운한 경우를 비유적으로 이르는 말.

내가 언제 떡 먹어 봤든가? 아스라-하다.
시리떡(시루떡)이며 인절미를 배꼽이 요강 꼭지 되도록 실컷
얻어 먹고 나서
'이젠 내 세상이다.'
어깨가 들썩들썩 춤이라도 추고픈 충동도 잠깐. 일장춘몽(一
場春夢)이었다. 꿈속에서 먹은 떡이 눈에 선하구나.

끙짜놓다

어떤 것에 대해 못마땅하게 생각하다.

'에이 낫 좀 빌려 도랑개(달라니까) 그렇게 끙짜 허능가?'

'아니여 낫 하나 뿐인디 나도 깨 비러(베러) 가야 헌단 말이어, 두 개만 있으면 왜 하나 안 빌려주겄능가. 서운허게 생각지 말어.'

'어허참 아주마니 막걸리 한 병 외상 도랑개 끙짜 허기요. 내가 언지 외상값 띠어먹는다고 헙디어?'

'용꼴양반 너무 허시오. 만날 외상 외상 허는디 나는 어디 흙 파다 장사 허는 줄 아요? 끙자 놓단 말 허지 마요.'

남산골샌님 아랫턱 까불 듯

융통성 없는 데다가 경망스럽기까지 하니 유산을 지키기 어려움을 이르는 말.

남산골샌님이 아랫턱을 경망(輕妄)스럽기 이를 데 없이 오도방
정(우두방정)을 떨고 있으니, 조상에게 물려받은 기름진 텃논
을 팔아먹을 징조(徵兆)다.
재산을 일으키기도 어렵지만, 자식이 이를 지키기는 더욱 어
려운 법이다.

나 모르는 것 네가 알고
너 모르는 것 내가 안다

사람마다 제각각 타고난 재능이 있으니, 교만하지 말라는 교훈.

뱀장어 눈 작아도 저 먹을 것 찾아 먹고, 굼벵이도 둥그는 재
조가 있는 것처럼, 니 모르는 것 내가 알고 나 모르는 것 니가 아는
것이다. 그러니 상대방이 무식하다 하여 무시하지 말라는 어
르신네의 말씀이었다.

나무 장사-, 아이구 머리야

은연 중에 자신의 부를 자랑함을 빗댄 말.

나무 장사를 불러놓고 은가락지 낀 왼손을 머리에 대고 '아이구 머리야' 머리 아픈 체하고 은연중에 가락지를 자랑한다.

부잣집 여인네가 아니고서야 은반지는 엄두도 못 내던, 생니 빼고 금니 박고 멀쩡한 눈에 안경 쓰고 개화장(開化杖, 개화기의 짧은 지팡이) 짚던 시대의 이야기.

나수(나우)

조금 많이. 처우나 대접 따위가 약간 낫게.

'딸네 집에서 마늘을 나수 보내서 양님(양념) 걱정은 덜었당개.'

'얼매(얼마)나 보내왔간디.'

'으-o, 일곱 접이나 보냈어-.'

낙철주식회사 사장

정돈도 없는 빈털터리를 재미있게 표현한 말.

주식회사가 많기는 하지만, 재미있게 꾸며낸 낙철주식회사가 있을 법하다. 친구가 돈 꿔달라는 말에
'이놈아, 나 낙철(落鐵)주식회사 사장이여.' 한다.
1원이나 10원짜리 지폐는 가난뱅이 돈 쌈지에는 들어간 일이 없고, 엽전이나 1전짜리 몇 푼 동전이 들어 있을 뿐인데, 그것도 잠시일 뿐. 빈 쌈지여서 쇠돈도 떨어졌으니 꿔 줄 돈이 없다.

난쟁이 기 자랑

정도가 고만고만한 사람끼리 서로 다툼을 이르는 말.

전장(戰場)에서 50보 달아난 놈이나 100보 달아난 놈이나 도망간 것은 마찬가지인데, 100보 달아난 놈에게 핀잔을 준다.
비슷비슷하여 견주어 볼 필요가 없으니, 도토리 키 재기인 셈이다.
남의 소를 앞세우고 몰고 가든 뒤에 두고 끌고 갔든, 두 놈 모두 소도적인데도 제가 잘한 일이라고 한다.
같은 난쟁이인데, 한두 푼 커 봤자 난쟁이 키재기지, 난쟁이는 난쟁이다.

날쌔(날새)

며칠 동안.

이주사와 김주사는 워낙 비위가 좋아 외상술 마시는 데는 단연코 타의 추종을 불허한다. 듣기 싫은 소리 미운 소리 못 들은 척 눈만 끔벅거릴 뿐이다.

'외상 술값 얼맨지 알기나 허시오. 갚는 맛이 있어야 주는 맛도 있는 것인디, 만날 외상이니 난 죽으란 말이요?'

'어허, 아주매 왜 이래. 날쌔 싹 갚을팅개 …'

이주사는 한 발짝도 물러서지 않는다.

'김주사 제발 외상값 좀 주시오. 사람 죽겠오'

'가만있어. 줄팅개.'

이 '날쌔'와 '줄팅개'의 강심장에는 '넉살 좋은 강화년도 코 싸쥐고 도망칠 노릇이다.

* 넉살 좋은 강화년 : 경기도 강화에서 생산된 인조견은 품질이 좋았다. 인조견을 팔러 다니는 강화의 아낙네들이 수줍어하거나 부끄러워하지 않고 넉살이 좋아서 남의 집에 들어가 너스레를 떨며, 때로는 밥도 얻어먹곤 할 정도였다. 그래서 강화 인조견 장수를 속되게 '넉살 좋은 강화년'이라고 했다.

남의 굴에 기(게) 잡는다

남이 애써 이룬 것을 슬쩍 도둑질하는 것을 이르는 말.

남이 찾아낸 기굴(게굴)에서 슬쩍 기(게)를 잡는다.

세상만사를 이런 식으로 남의 덕으로만 살려는 사람도 있다.

민물 참게는 강가 언덕받이(언덕배기)에 굴을 뚫고 살면서, 한 적할 때면 물에 들어가 먹이를 사냥한다. 이 굴에 한 쪽 손을 깊숙이 넣어야 참게를 잡을 수 있다.

남의 일이라서

친척이나 이웃 중 관계가 먼 사람은 아무래도 관심이 떨어짐을 말함.

자기 자신이 아프거나 가족 중에 환자가 생기면 온 정신이 그 쪽으로 쏠리고 일이 제대로 손에 잡히지 않는다.

그러나 한 마을 사람이나 친지 중 입원 환자가 있을 때는 큰맘 먹고 한 번쯤의 문병으로 그만이다.

남의 일이라서 관심이 적은 탓이다.

꾀복쟁이 친구가 세상을 하직해도 한두 번의 문상으로 끝난다.

남의 장에 구럭 메고 따라가다

자기 주견이 없이 남이 하는 대로 따라 함을 비유적으로 이르는 말.

엽전 두 푼이 총재산이다.

남이 장에 가는데, 구럭은 뭐하러 메고 따라가는가.

엽전 두 푼으로 막걸리 반 잔은 사 먹겠구나.

낯박살(면박)

면전에서 꾸짖거나 나무람.

소인(小人)과 대인(大人)이 있는법.

고 조인엽(故 趙仁燁) 면장은 부하직원의 잘못에 대하여 절대로 화내는 일이 없고 면장실로 불러 차근차근 따져서 스스로 잘못을 뉘우치게 하는 솜씨를 보였다.

이와는 대조적으로, 권력에 빌붙어 취임한 면장은 직원과 이장의 연석회의에서, 임시직을 불러내어 세 사람의 뺨을 치고 놈 자를 붙여가며 욕설을 퍼부으며 낯박살을 냈다. 또 여직원 있는데도 '씹도 돈 있어야 준다'는 음담패설을 뱉기도 하였으니, 나머지는 말해서 무엇하랴.

버 것 주어도 이쁜놈(예쁜놈) 있다

마음에 드는 사람에겐 내 것을 주어도 아깝지 않음을 이르는 말.

진실한 사람에게 내 것을 주어도 아까울 것이 없다. 그 반대의 경우 제 것을 나에게 갖다줘도 밉다.

천 냥 빚도 말 한마디로 갚는다는데, 제 것 주고도 인간 대우를 못 받는 처지가 돼서는 안 될 일이다.

버 복어 무슨 난리

바라고 있던 일이 잘되어 가다가 뜻밖의 방해물이 끼어듦을 비유적으로 이르는 말.

잔등(고개마루)에서 '날리야(난리야)- 날리났다.' 외처대는 고함소리에 혼비백산 피난 보따리를 이고 지고 들쳐메고 도망치는데, 멧소(임차료를 주고 부리는 남의 소)를 부리는 놈이,

'난리가 났으니 굶어 죽고 얼어 죽고 화살 맞고 칼 맞고, 살아서 돌아올 놈이 몇이나 될까보냐. 옳거니 멧소를 잡아 실컷 먹고 싸짊어지고 피난 가자. 멧소를 잡았겠다.'

그런디 이게 웬일이당가. 이웃 동네 푸시기놈(거짓말 잘하고 엉뚱한 짓 잘하 는놈)의 장난이었다. 내복에 무슨 날리야 ….

내리사랑

손윗사람이 손아랫사람에 대한 사랑, 특히 자식에 대한 부모의 사랑을 이른다.

'열 손가락 깨물어도 안 아픈 손가락 없다.'
부모의 자식에 대한 사랑이다.
부모의 정은 강물처럼 아래로 흘러가기 마련이어서, 큰아들보
다 막내아들로, 자식보다 손자 손녀로 더 정이 흘러내린다.
이래서 내리사랑으로 면면히 혈맥이 이어 나가는 것.

내림 있는 집안

혈통적으로 유전되어 내려오는 집안의 특성.

내림이란 유전(遺傳)으로 내려오는 특성을 일컫는다.
'시누대(신우대) 밭에 시누대 나고 왕대밭에 왕대 난다'는 말은
헛된말로 치부할 일이 아니다. 명문대가(名門大家)의 후손들
의 행동거지(行動擧止)는 남다른 구석이 있다.
곧잘 어느 지방 명문 누구네 집안은 내림 있는 집안이라 칭송을
받는다.
'왕후장상(王侯將相)의 씨가 따로 있냐. 개천에서 용 난다.'고

하지만 '그놈 지 하내비(할아버지)가 어떻고 지 애비는 어쩌고 자식놈은 그놈보다도 더하고 … 내림 있는 집구석이다.'는 욕설을 받는 일도 적지 않다.

노루잠 자다 개꿈 꾸다

아니꼽고 같잖은 꿈 이야기를 함을 이르는 말. 격에 맞지 않는 말을 함을 이르는 말.

하마터면 포수에 쫓기어 아까운 목숨 잃어버릴 뻔했다. 간이 콩알만 해지고 벌렁벌렁 떨린다. 개울을 뛰어넘고 후미진 계곡으로 우거진 숲속을 누비면서 구사일생으로 살아났다.

피로감이 일시에 밀물처럼 몰아닥쳐 새우잠(새우처럼 구부리고 자는 잠)에 곯아떨어진 노루란 놈, 엉뚱하게도 개꿈을 꾼 것이렸다.

얼토당토않은(관계가 도무지 없다. 아주 가당찮다) 언행(言行)을 하는 사람을 가리켜 '노루잠 자다 개꿈 꾼다.'라고 핀잔을 준다.

노작거리다(뇌작거리다)

조금 수다스럽게 잔재미 있는 말들을 자꾸 늘어놓다.

ㄴ

욕설이나 거짓말도 할수록 늘고 노작거리는 것도 버릇으로 굳어진다. 개가 서기만 하면 달린다고, 이 잔소리쟁이는 앉기가 무섭게 어쩌고저쩌고 한 소리 또 하고 고시랑거리며 노작거리므로 따돌림을 당한다.

놈

남자를 낮추거나 욕하여 이르는 말.
동물이나 물건 따위를 친근하거나 가볍게 이르는 말.

상놈, 못 돼먹은 놈, 죽일 놈, 도적놈.

놈을 늘어놓기로 하면야 밑도 끝도 없다. 그런 중에도 더욱 가관인 것은

'이놈 얼매요? 저놈은 얼매고라우? ' 물건값을 물어보고

'저놈 어디 가는 놈이라우?. 정읍 가는 놈은 언지 온대라우?' 버스의 행선지와 시간을 물어보는 사람.

'그놈 저쪽으로 노아라. 저놈은 요쪽으로 놓고'

이장(移葬)하면서 선대의 유골에 대하여 욕설이 되기도 하고,

성묘 가서 묘를 가리켜

'이놈은 어느 하나씨(할아버지)라우?. 저놈은 누구당그라우?'

본의 아니게 놈 자를 붙이는 일도 있으니, '놈'을 함부로 지껄이

다간 망신(亡身)살이 뻗치기 십상이다.

뇌깔스럽다(뇌꼴스럽다)

속이 메슥거릴 정도로 보기에 아니꼽고 얄밉다.

'김형 모 다 심었능가. 늙은놈이 혼났어. 글씨(글쎄) 쓰리질(쓰
레질) 좀 히(해) 달랑개 어떤 놈이 히 주어야지. 하도 뇌깔스러
워서 어제 하리(하루) 쓰리질했더니 얼매나 된 지(피로하던지)
혼났당개.'

뇌점(폐결핵) 든 놈
정강이 마르듯하다

폐결핵으로 체중이 감소한 것처럼 몸이 마른 경우를 이르는 말.

의학이 발달하여 조기치료하면 거개(대부분) 완치되는 세상이
됐지만 60여 년 전만 해도 '뇌점'은 바로 사형선고요, 정강이(정
강이)가 비쩍 마르고 핏기없는 얼굴로 기침을 해대며 백발백중
죽기 마련이었다.

눈 딱 감고

따지고 망설이기보다 일단 실행하는 일이 중요함을 강조한 말.

이래볼까 저래볼까 망설이다간 아무 일도 못 한다.
'훗장떡(다음 장날 파는 떡)이 쌀지 비쌀지 누가 안당가.'
눈 딱 감고 사둔 땅이 몇 년 후에 금값이 되어 돈방석에 앉기도
하고, 살림살이 노재겨(팔아치워) 무작정 상경하여 끝내 별동
네 달동네 신세로 전락한 사람도 있으니, 눈 딱 감는 것도 사주
팔자 소관으로 돌려야 할까.

뉘 받는다

늙어서 자식 덕을 봄을 이르는 말.

스물 안에 자식이요 서른 안에 재물이라 했고, 나이 서른을 넘으면 씨받이를 위해서 아내를 몇씩 거느렸다.

마흔 당년에 요행히 득남(得男)하면 일가친척은 말할 나위 없고, 온 마을이 욱근(크게 떠들썩하게) 했다.

하례객에 대한 인사말은

'내 마흔에 아들자식을 얻었으니, 뉘 받아먹기는 글렀어도 대를 이어주어 선영에 대한 죄는 벗었습니다.' 했다.

우리가 까맣고 죽음을 상징한다고 싫어하는 까마귀는 사실은 효성이 지극하다고 한다. 어미 까마귀가 늙어 사냥을 못 하면 자란 새끼가 먹을 것을 물어다 어미에게 준다고 한다. 그래서 반포지효(反哺之孝)라 하는데, 고관대작 중에도 재산 때문에 자식이 부모를 학대하는 일이 제법 있다고 하니, 까마귀 보기 부끄럽다.

늘척지근하다

좀 늘어지고 마음에 꼭 맞지 않게 여기다.

'상수, 나여. 막걸리 한 잔 먹으러 가세.'

'으응, 칠성인가. 닷새 동안 내리(꼬박) 변산 나무 힛드니만 어찌나 늘척지근하든지 막걸리 한 사발 먹고 방독 지고 있네.'

지금이야 도시 사는 자식들 도움으로 대부분 농가에서 연탄보일러나 기름보일러를 사용하고 있어, 아궁이로 불을 지피는 집이 아주 귀하게 됐지만 30여 년 전만 해도 새벽밥을 먹고 보리깡탱이(꽁보리밥) 도시락을 지게에 매달고 떼를 지어 왕복 60리길 변산에서 땔 나무를 해 왔다.

온돌방은 방독(구들)을 깔고 그 위에 흙을 덮은 뒤, 아궁이에 불을 지피면 돌이 달아서 따스해진다.

방바닥에 눕는 것을 방독 진다고 하는데 농기계가 없던 시절이라서 '지게'를 이용하는 일이 많았기 때문에 지게에 빗대어 '등을 대다'를 '진다'고 쓴다.

늬 실움 그만두고
녀 실움 들어보라

여인들의 고생 타령은 늘 자신이 더 심한 법임을 이르는 말.

젊어서는 꿈을 먹고 살고 늙어서는 과거에 묻혀 사는 법. 늘그
막엔 지난날의 잘한 일보다 잘못한 일과 만고풍상(萬古風霜)
을 겪고 살아온 온갖 고생이 주마등처럼 스쳐가 설움이 복받
쳐 오르는 때가 있기 마련이다. 고생 타령은 여인네가 더 한
다. 콧물 눈물 섞여가면서.

'어따 삼순 엄마, 고까짓 고상헌 것 갖고 고상힛다고 허능가. 내 고
상 이애기 좀 들어 보소.'

'나 고상한 일 이애기 책을 맨들면 열 권도 더 될 것이어…'

못 먹고 못 입은 것은 약과요. 씨미(새어미)한테 쥐어뜯기고
시누년한테 학대받고 덩달아 서방한테 매 맞고… 몸뚱이가 회
쳐놓은 것 같았단다. 머리털은 뽑혀서 반쯤은 중대가리가 되
어 물 길러 샘에 가기가 민망스러웠다고 눈물을 찔끔거린다.
쯧쯧 혀를 차며 방 안에 있는 모든 여인네들도 눈물을 흘리고
만다.

꼭 한번 친정으로 도망갔는데 딸의 몰골을 본 친정아버지는
작대기를 휘두르며

'네 이년, 너는 출가외인이여. 박가네 구신 되어야 히여…'

청천벽력 같은 호령이라,

'금순 아버지 저것 몰골 좀 보시오. 뇌점 든 놈 정강이 마르듯 허고 산송장 아닌그라우, 밥이라도 한술 먹여 보냅시다.'

매달리는 어머니를 뿌리치니 저만치 나둥그러져 대성통곡하고, 아버지 호령은 더욱 거세져서 떨어지지 않는 발길을 돌려 시집에 왔으니….

'그 댐(다음) 이애기는 더 못허겠네, 목이 매서.' 서방 덕 못 본 년이 자식 덕인들 보랴. 죽기로 작정하고

'글씨(글쎄), 양잿물을 먹을라고 단지를 열었다 닫었다 허기도 수없이 했고. 풍덩 물 속에 빠져 죽을라고 한밤중에 뒷골 방죽도 몇 번 갔었는디, 강보에 쌔인(싸인) 자식 눈에 훠-ㄴ히 밟혀서 차마 못 죽고 이렇게 늙은이가 돼 버렸네.'

늬 애비 장개갈 때
뒤엄자리서 닭 뜯었지야

장성한 자식이 부모 결혼식 음식을 위해 닭털을 뜯었음을 빗댄 우스갯말.

우발적으로 지어낸 농담 같지 않다. 아빠 엄마 결혼식 음식 장만에 심부름하는 중학생 아들딸들. 결혼식장에 참석하는 아들딸이 제법 있다.

앞을 내다보고 지어낸 농담이 아닐까 싶다. 내가 여남은 살 나이 때, 어른들이 부르는 유행가를 우리 꼬마들이 즐겨 흉내 내어 부른 적이 있는데, 가사는 잊었지만 그 내용은 대략 다음과 같다.

'남자 바지는 나팔바지요, 여자 치마는 무릎을 넘고, 남자는 머리를 기르고, 여자는 머리를 깎는다.'

곱게 낭자를 틀고 비녀를 꽂은 여인네 보기는 하늘에서 별 따기와 같고, 발목에 닿을 듯 말 듯한 긴치마 입은 여인네도 그다지 흔하지 않다.

미니스커트 다방 레지 아가씨가 줄포 시내를 활보할 때 일대 화젯거리(一大話題)가 됐던 일은 옛일이요. 중요한 곳만 살짝 가린 잠뱅이를 걸치는 여자 노출전시장(露出展示場)이 돼 버렸으니 이 작사자의 선견지명에 감탄할 뿐이다.

늬가 잘나 일색이냐
내 눈이 어두워 환장이지

상대의 미모보다 묘한 매력에 빠져 예쁘게만 보며 헤어나지 못함을 이르는 말.

얽은 구멍(마마 자국)에 정이 들고 동냥치(거지) 첩도 저 좋아서 얻
는다 한다. 한번 홍등가(紅燈街)에 빠지면 박색도 천하일색으
로 보이고 절반은 미쳐서 있는 살림 탕진하고야 만다.

다 닳아진 쇠천(소전)

세파에 시달리고 부대껴 둥근 동전처럼 닳아 되바라진 사람을 이르는 말.

산전수전 다 겪고 뭇 사람에게 시달리고 부대껴 닳아질 대로 닳아져 되바라지고 까진, 주로 화류계 여자들을 가리켜 다 닳아진 쇠천(소전. 작고 둥근 동전)이라고 한다.

다갈

말굽 따위에 편자를 신기는 데 박는 징.

달구지 끄는 말[馬] 발굽에 쇠로 만든 테를 맞추고 쇠못질을 하여 발톱의 닳아짐을 막는 장치를 하는데, 이를 '다갈'이라 했다. 줄포리 남빈동에서 살다 작고한 박상옥(朴尙玉) 씨가 전문(專門)으로 다루었는데 '말박가'라는 별명으로 통했다.

달구지를 끄는 소에는 짚으로 쇠신을 만들어 신겼고, 봄철 오랜 가뭄 흙덩이 굳었을 때의 논갈이할 때도 신겼다. 그러나 개가 아무리 뛰논들 발톱이 닳아 피가 흐르고 몸져누울 리 없으니 '다갈'이 필요치 않다.

그래서 사리에 맞지 않는 말을 하면 '이놈아 그건 개발에 다갈이다.'라고 한다.

단대목

어떤 일의 매우 중요한 고비가 되는 시기나 자리.

명절(한가위와 설)이나 쇠고 죽을 일이지, 하필 단대목에 죽는
단 말이여. 대목거리를 했으니 어떡허지, 궂은 곳 다녀와서는
제사를 모실 수 없고.
새 성주(새로 집을 지음)를 하면 3년 동안 문상(問喪)을 안 하
는 관습이 오늘날에도 완전히 사라지지 않고 있다.

단세나다(천세나다)

잘 쓰여서 매우 귀해지다.

산덩이처럼 쌓인 고래고기와 갈가마귀전 판대기 둘러싸고, 너
도 사고 나도 사고 야단법석이다.
두세 사람은 물건 주고 돈 받느라 정신없고, 주변 좋은 한 사람
은 목청을 돋구어
'싸구려, 싸다. 고래고기 갈가마구가 싸다. 속병 고쳐 약이 되
고 고기 먹어 보신하고 꾸엉 먹고 알 먹고, 자 오늘 장 못 사먼
다시는 구경 못해요.'

'어이, 고래고기가 약 된당개 그놈 사야겄어. 갈가무구가 약 된다 소리 그전부터 들었어. 나는 저놈 사야것구만.'

3전 짜리가 4전, 5전으로 값이 뛰어도 불티나게 팔린다. 부르는 것이 값이고 물건은 동이 났다.

분명 단세났다. 세나는 장에 가지 말라는 말이 있는데도 충동구매는 여전하다.

달근달근

재미있고 탐탁하게.

금력과 권력을 가진 자 거개가(대부분이) 직언을 싫어하고 달근달근하게, 교언영색과 감언이설로 비위를 맞추는 소인배를 가까이하고 중용함은 동서고금을 막론하고 꾸준히 이어지고 있다.

속으로 미워하면서도 면전에서는 갖은 교태를 부려 달근달근 감칠맛나게 아첨하는 자에게 대부분 넘어간다.

이승만 대통령이 진해에서 바다낚시 배에서 뽀-ㅇ 하고 방귀를 뀌니

'각하 시원하시겠습니다.' 했다는 이익홍 내무장관의 아첨은 천하일품이렸다.

담배씨로 조롱박을 판다

작은 담배씨의 속을 파내고 뒤웅박을 만든다는 뜻으로,
사람이 매우 잘거나 잔소리가 심함을 비유적으로 이르는 말.

조롱박(호리병박이라고도 한다)을 삶아 속살을 긁어내어 조롱을 만든다. 그러나 먼지처럼 작은 담배씨로 조롱을 만들 수 있겠는가.

마음이 좁아 대범치 못하여 하찮은 일에만 따지고 또 집착하는 사람을 비꼬는 말이다.

대 담배 불(대담배불)

남의 것을 대놓고 빌려 쓰는 염치 없는 사람을 이르는 말.

'댐배 한 대 먹을란듸 대(담뱃대) 좀 주어.' 담뱃대를 얻고는
'댐배도 한 대 주소.' 다음은
'불도 주고.'로 이어진다.

네 것은 내 것. 내 것도 내 것. 이런 얌체족은 어느 곳 어느 시대에도 존재한다.

터펑이 공사

눈치 없이 모든 일을 헤집고 덤비는 행동을 이르는 말.

남이 눈치를 하든 말든, 좋아하든 싫어하든, 예의고 염치 따위
는 상관하지 않고 개차반으로 행동하는 사람이 우리 주위에
흔히 있다.

철없는 아기는 손님상이든 제사상이건 내 집 남의 집 가릴 것
없이 이것저것 주워 먹고 내젓고 밀고 당기고 한다.

'허허 이놈, 더펑이 공사네.' 하고 어른들은 웃는다.

덩더쿵(꿍)하다

관계없는 일에 덩달아 덤비다.

개 씹에 덩덕쿵하고, 남의 춤에 덩덕쿵한다.

무슨 주견이나 신념이 있는 것도 아니고, 워낭 소리 듣고 따라
간다더니 부화뇌동하여 우쭐댄다.

데려온 자식

자기의 친자식들이 아닌, 개가해 온 아내나 첩이 데려온 자식.

전남편 자식을 데리고 개가(改嫁)하면 새 남편은 물론, 새 시
집 식구와 친근감이 없으니 주눅이 들어 버린다.
그렇듯이 주눅이 들어 한쪽 구석에 쭈그리고 앉은 사람더러
'어이 이리와 편히 앉소. 꼭 델꼬온(데려온) 자식 같네.' 농담을
한다.

도적도 일타(빠르다)

어떤 일을 하기에 너무 시간이 이른 것을 빗댄 말.

곤하게 잠든 밤중에 도적질하는 것이지, 초저녁에 사업(?) 개
시하겠는가?
아침밥 수저 놓은 지가 금방인데 술 먹으러 가잔다.
'이 사람아 도적도 일레(이르네).'하며 거절한다.

밥 달라 졸라대는 꼬마놈 대가리를 쥐어박으면서
'이 아구 구신(아귀 귀신)들린 놈아 아침밥 먹은 지가 얼매나

되었다고 또 밥타랑(타령)이냐.'

'도적도 일타(이르다) 일러.'

후우 한숨을 쉬면서 엄마는 눈물을 찔끔거린다.

돌아가는 사람에게 노자 주다

급할수록 서두르지 않고 차분하게 대처하면 낭패가 없음을 이르는 말.

썰물에 바다를 건너다 밀물에 휩싸여 변을 당하는 일이 적지 않았다. 예로부터 급하면 돌아가라. 급히 먹은 밥이 체하기 쉽다고 일렀다. 안전하게 돌아가는 사람에게 노자를 주는 법이다.

동냥치(거지)끼리
보재기(보자기) 찢는다

같은 처지의 사람끼리 서로 다투고 싸우다.

내가 받으려 했는데 저놈이 후다닥 차대기(자루)를 벌려 쓸만한 반찬을 받아 챘다느니, 아무개놈은 창자가 터지게 처먹고 난 빈 차대기라니 하며 저희들끼리 싸운다.

국회의원 입후보자가 풀어놓은 돈을 아무개란 놈이 독식하고, 저희들에게는 말막음으로 얼마씩만 주었다. 이놈 죽이고 활딱 까버리겠다고 악쓰는 무리들.

돈 봉투의 액수, 선물의 다과에 불평을 늘어놓는 유권자. 후보 운동원끼리 눈에 쌍심지를 돋우고 치고박고.

동냥치끼리 보재기 찢는 것쯤은 애들 장난에 불과하다.

이것은 지난날의 추악상일 뿐 지금이야 어디 이런 일이 있을라구….

동티가 나다

건드려서는 안 될 것을 공연히 건드려서
걱정이나 해를 입는 것을 비유적으로 이르는 말.

날을 가리지 않고 쥐구멍을 막고 흙 떨어진 벽에 흙칠을 하여 동티가 났다. 그날 밤부터 남편은 두통이 나서 머리를 싸매고 끙끙 앓기 시작했고 아내는 눈이 쑤시고 아파 몸져누웠다. 단방약도 효험이 없고 푸닥거리도 소용없다.

며칠 후 이웃 마을 노인을 모셔다 '동정재비'를 하고 나서야 나았다. 벽에 못 하나를 박아도, 연장을 대어 집안을 고쳐도 동티가 잘 난다.

'인동티(사람 동티)'도 있다. 점쟁이의 점괘는 인동티가 났다는 것이다. 늙은 아버지는 구부러진 허리를 지팡이에 의지하여 다시 작은아들네 집으로 되돌아가야 했다.

'천한 목심 죽지도 않고 …' 신세 한탄하면서 수일 후에 큰아들네 집안 변고는 사라졌다.

* 동티 : 역사(役事. 토목, 건축 따위의 공사)에서 지신(地神)의 성냄을 입어 재앙을 받음.
* 동티가 나다 : 동티가 생겨서 집안에 변고가 일어남.
* 단방약(單方藥) : 한 가지만으로 병을 다스리는 약. 민간요법으로 많이 쓰였는데 고질병이 되거나 목숨을 잃는 일도 있었다.
* 동정재비 : 흙을 잘못 다루어 지신이 노하여 가족에게 병이 나는 등의 탈이 났을 때 행하는 주술 의례. 아궁이 앞에 도끼를 뉘어 놓고 짜구(자귀)로 도끼를 두들기며 주문(呪文)이 적힌 책을 구성지게 읽어 내려 일

곱 번을 반복한다.

* 주문(呪文) : 점술에 능통한 술객(術客)이 술법을 행할 때 외는 글귀.

되깩끼(되깎이)

승려이었던 이가 환속하였다가 다시 승려가 되는 일.
한 번 시집갔던 여자가 처녀로 행세하다가 다시 시집가는 일.
또는 그런 여자를 속되게 이르는 말.

시집에서 소박맞고 쫓겨온 열일곱 된 새각시. 낭자머리 풀어
댕기 드리고 어엿한 처자(처녀)로 둔갑해서 다시 시집간다.
이것을 되깩끼라 했는데 흔한 일은 아니었다. 권세 있는 집안
의 일이면, 입만 뻥끗 했다간 매를 원없이 맞을 터이니 너도나
도 쉬쉬하는 것이었다.

되백이하다

되받아치다.

손주놈이 어린 애기를 때려 울린다. 손주놈의 볼기를 때리면 도리어 할아버지 할머니의 뺨을 때리고 머리카락을 쥐어뜯으며 되배기한다.

뺨뿐이랴. 발길질도 당하고 수염도 뽑힌 할아버지.

그저 요놈들이 무럭무럭 자라주는 것만이 유일한 낙이었는데, 이제 핵가족 시대가 되어 되배기하는 놈이 없으니 허전하기만 하다.

둔전둔전허다

한곳에 서 있지 않고 주위를 자꾸 왔다 갔다 하다.

몸놀림 손놀림이 잽싸질 못하다. 서두를 줄을 모른다. 설령 서둘러 봤자 도리어 일만 저지를 판이다.

들밥 가지러 온 서방은

'멋을 그리 둔전둔전헌당가. 둔전그리지(허둥거리지) 말고 후딱 후딱 챙기여 -. 점심 늦다고 야단들이당개.'

뒷개(설거지)

설거지. 뒤처리.

농사일에는 작업이 끝난 후에 오랜 시간 뒤처리작업을 하는 일이 적지 않다. 특히 보리타작, 나락(벼) 타작의 뒷개치기는 대표적인 작업이다.

들마시하다

무거운 물건을 여럿이서 어깨에 메고 옮기다.

물건이나 농자재 농작물 같은 것을 두 사람 이상이 들어 옮기는 일을 들마시한다고 한다. 요즘은 농사짓는 장년층도 드물고, 대개 두 늙은이가 집을 지키고 있으니, 농작물 옮기기가 여간 곤혹스러운 일이 아닐 수 없다.

들밥

들일을 하다가 들에서 먹는 밥.

논머리에서 둘러앉아 먹는 밥은 별미이다.

'들밥이 맛있당개 밥그릇 들고 뒤안(뒤꼍)으로 간다.'고 한다.

배꼽이 시계라고 점심이나 땟거리(끼니를 때울 만한 먹을 것)가 늦어지면 땔나무가 떨어졌당가, 솥단지 밑이 빠졌당가. 불평의 소리가 나온다.

들빵구리(들배지기)

상대편의 샅바를 잡고 배 높이까지 들어 올린 뒤 자기의 몸을 살짝 돌리면서
상대편을 넘어뜨리는 기술. 대뜸 벼락치기로 상대를 휙 돌려 넘어뜨리는 기술.

저나 나나 별것도 아닌 주제에 남의 말다툼 틈새에 '천둥에 개
뛰어들 듯' 끼어들어 내용도 모르면서 들빵구리로 대뜸 나서서
'늬가 잘 있다. 늬가 잘못했다'고 해 놓으니 당사자들의 화해는
커녕 일은 더 커지고 만다.

예쁘잖은 며느리 달밤에 삿갓 쓰고 나선다드니, 이 물건(밉살
스런 놈을 물건이라 비유)이 설치고 나서면 까마귀 앉는 곳마
다 깃털 빠지듯 문제를 낳고 만다.

제까짓 것이 뭘 안답시고 초상집에 가서는 들빵구리로 대뜸 나
서서 진설(陳設)의 시비를 걸고, 잔칫집에 가서도 제 버릇 개
못 주고 들빵구리로 나서서 똑같은 짓거리를 해댄다. 이렇게
제 분수에 넘치는 말이나 행동을 하는 이가 있다.

딘뎅이(뎬둥이) 때는 못 벗어도 도적의 때는 벗는다

도둑의 누명을 벗을 수 있지만, 화상의 흉터는 지우기가 몹시 힘듦을 빗댄 말.

무고하게 도둑의 누명을 쓰고 질시(疾視, 밉게 봄)의 대상이 되었다가도 후일 결백함이 입증되어 도둑의 때를 벗지만, 딘뎅이(화상의 흉터) 자국은 평생 벗기 힘들다.

땃땃허다, 따숩다, 뜩끈뜩끈허다

따뜻하다, 따숩다, 뜨끈뜨끈하다.

날씨가 땃땃허다. 방안이 따숩다. 미런(미련)헌 것이 방이라 떡 찌고 메주콩 쌈꼬(삶고) 힛드니 방안이 뜩끈뜩끈허다.

시골에서는 따뜻하다는 말이 잘 쓰이지 않는다. 여덟을 '야달'이라 함과 일맥상통한다. 몸으로 체감하는 따뜻함을 어감이 강한 말로 전하고자 하는 것이다.

떡 동구리 손 들어가다

오래도록 탐내던 것을 마침내 가지게 됨을 비유적으로 이르는 말.

목구멍에서 당그래질(고무래질) 치는 판에 불이 꺼졌으니, 어찌 이 절호의 기회를 놓칠쏘냐. 본능적으로 떡 동구리(바구니) 속으로 손이 들어간다.

똠발지다

매우 똑똑하고 영리하다.

될 성싶은 나무는 떡잎부터 알아본다고 한다. 똘똘하고 어른스러운 구석이 있어 '똠발지다'고 모두 칭찬하고 인정해 준다.

똥 뀐 놈(방귀 뀐 놈)이 성낸다

자기가 방귀를 뀌고 오히려 남보고 성낸다는 뜻으로,
잘못을 저지른 쪽에서 오히려 남에게 성냄을 비꼬는 말.

구린내를 흠뻑 풍기며 똥 뀐 놈이 화를 낸다.

'내가 뀌고 싶어 뀌었까디. 저절로 나오는 것을 어쩐대냐. 이
놈아 니는 똥 안 뀌고 사냐. 똥 묻은 개 저겨 묻은 개 나무라네.
꼴싸것이(꼴사나운 것이).'

뽀-ㅇ, 푹, 삐-ㅇ, 갖가지 방귀 중에도 '피싯' 소리가 나는 둥 마
는 둥 하는 요놈의 냄새가 가장 고약하다.

똥(똥줄) 타다

몹시 힘이 들거나 마음을 졸이다.

크게 놀라면 생 똥을 지린다. 어린애들의 경우 흔히 있는일이
다.

하늘이 깨지고 땅이 꺼지는 놀라움에는 본능적으로 새까만 똥
을 지린다.

하룻밤 사이에 백발(白髮)이 되었다는 말은 소설책에만 쓰여
있는 게 아니다.

6·25 전쟁 막판에 수십 명씩 줄을 세우거나 흙구덩이에 몰아
넣고(조기 엮듯 엮어서) 총질을 해댔을 적에, 얼마 후 깨어나
본즉 송장 더미 속에서 자기 혼자만이 살아 있었다니, 어찌 탄
똥이 안 지렸겠는가.

'아이고 나 똥 탔다.' 크게 놀란 후 흔히 쓰이는 말이다.

똥구먹(엉덩이)만 딸싹히도

엉덩이만 살짝 들었다 놓아도, 조금만 움직여도 금세 표가 나는 경우를 이르는 말.

'말도 말랑개. 똥구먹만 딸싹(달싹)히도(해도) 자리가 난당개로 (표가 난다니까). 히주는 밥이면 밥 죽이면 죽 먹고 가만 있으면 허런만(하련만) 글씨(글쎄) 어적그(어제)도 옹 반대기(옹기 반대기) 하나 밧싹 깨크라버렸어.'

'누가 그릿깐디?'

'누구는 누구 겄어. 얌잔헌 우리 시오매지'

'늙은잉개 그대로 바주어야지 어쩔것이어'

'아니랑개 며누리년 화를 돋굴라고 그러능 것이여. 걸레 빤다, 속옷 빤다, 마리(마루) 딱는다, 토방 씬다(쓴다) 험서 코방애 찟고 얼굴 깍고, 그렁개 나만 못쓸년 된당개'

시오매 흉보기다.

똥이 둘이다(갈똥말똥)

갈 것도 같고, 가지 않을 것도 같은 모양을 나타내는 말.

'여바 갈 것인가 안 갈 것인가, 어찌서 갈똥말똥 허는 것이여.'
'글씨 갈까 말까, 갈똥말똥 똥이 둘이어-.'

뜨디귀하다

서로 차지하려고 조각조각으로 뜯어내거나 가리가리 찢어 내는 짓을 하다.

6·25동란 직후 극심한 물자난에 허덕이던 시절, 두서너 사람이 짝을 지어 도시를 돌며 물건을 사서 자전거에 싣고 와 보따리를 끄르기가 무섭게 서로 사려고 밀치고 당기고 아수라장을 이루었다. 먼저 물건을 잡은 사람은 사고, 값은 고하간에 못 사는 사람이 많았었다. 물건이 비치기만 하면 뜨디귀판이 벌어졌다.

- 라우

- 요의 전라도 방언.

'그릿서라우. 안 헛개라우(안 할게요)'의 '- 라우'는 호남지방의
사투리임을 모르는 사람이 없는데, TV 연속극에서 '그릿서라-.
안헛개라-'.의 사투리는 방송 작가의 실수인지, 멋대가리 없는
창작인지?

ㄹ

마누라 없이는 살아도
장화 없이는 못 산다

비가 오면 길이 진흙탕으로 변해 장화 없이는 살 수 없는 곳을 강조한 말.

약 20여 년 전의 일이다. 겨울철에서 봄철 사이 얼었다 녹으면 고샅길은 수렁이 되어 장화를 신지 않고는 보행이 어려웠다. 길이 녹기 전에 얼른 가자는 뜻에서

'노가 놈언(노씨 성바지에 빗대, 녹아놓으면) 못 강개 어서 가자.'

노씨들과 수작을 걸던 농담도, 고샅길 시멘트 콘크리트 포장이 되고는 잊혔고, 마누라 없이 살아도 장화 없이는 못 산다는 시절이 사라져, 장화 없인 살아도 마누라 없인 못 사는 세상이 됐다.

마음은 장골

마음은 기운이 넘치는 장골인데, 몸이 마음같이 움직이지 않음을 이르는 말.

신로불심로(身老不心老)로 힘에 겨운 무거운 물건을 들다가 허리가 삐끗, 병원 신세를 지는 친구가 있다. 감나무에 올라가서 감 따다 떨어져 고생하다 저세상으로 가버린 보통학교 동기동창도 있다. 마음은 장골이련만.

* 장골(壯骨 : 기운 좋고 큼직하게 생긴 골격)

막담

마지막 말.

그 노랭이란 놈. 꼬박꼬박 이자 쳐서 갚었는디 빚 좀 돌랑개
'요새는 나갈 돈이 통 없네' 딱 잡아 뗀단 말이여.
이놈의 자식 다시는 네깐 놈헌티 아순(아쉬운) 소리 허능가 바
라. 곰방대로 잿털이를 땅탕치며 홀로 막담(마지막 말로) 짓고
맹서했건만, 다음날 다시 찾아가 애걸복걸한다.
돈 없고 힘 없는 놈의 막담은 순식간에 물거품이 돼 버리는
것.

막심

마지막 남은 힘.

천하 약골도 죽기 아니면 살기로 막심(마지막 남은 힘)을 쓰면
무서운 힘이 솟구친다. 약질이 살인낸다는 말이 있듯이.

말 안 타다

남의 말을 어렵게 여기지 않음.

제 눈에 예쁜 자식, 남의 눈에 밉게 보인다. 곡식은 남의 것이 좋아 보이고 자식은 제 자식이 좋게 보인다고는 하지만, 억지를 써도 큰 잘못을 저질러도 무턱대고 오냐 오냐 교동으로 키운 자식, 세 살 버릇 여든까지 간다고, 성장해서도 세상만사 제 뜻대로만 하려 들고 아집(我執)에 사로잡혀 남의 말[言]을 안 탄다.

말방개

마음에 없는 겉치레 말.

잔치를 안 치르니 이웃 도량(지역)에서나 아는 일인데, 그래도 날짜를 알아 챙겨 찾아준 것만도 기특하고 반가운 말.
'작은어머니 회갑 축하합니다.'
선물을 놓고 삼베 바지 구린내 풍기듯 가버리는 것이었다. 저 어릴 적 코 닦아주고 입어주곤 했는데, 말방개만 번지르하다.
시내에서도 손꼽히는 부자가 주는 회갑 선물이란 게 런닝셔츠 한 개.
아무 말 없이 아궁이에 쳐넣었다.

말이 반찬이면 상다리 부러진다

말만 풍성한 걸 비꼬는 말.

진수성찬이면 좋다. 그러나 정치인, 공인의 말의 성찬은 더더욱 좋다. 말이 반찬이라면 상다리가 부러질 지경이다.

안 먹어도 배부르고 마음이 꽉 차고, 지상낙원이 코앞에 다가와서 두둥실 등천하는 환상에 휩싸인다.

매화도 한철 도화도 한철

모든 것은 한창때가 있지만, 그때가 지나고 나면 그뿐이라는 말.

매화(梅花)는 정절(貞節)을 상징하고, 도화(桃花)는 탕부(蕩婦)를 비유한다.

"노세 노세 젊어서 노세. 늙고 병들면 못 노나니 아니 놀지는 못하리라. 매화도 한철 도화도 한철 아니 놀고 무엇하리."

모든 것이 한창때를 지나면 그뿐이니, 지금을 즐기는 것도 좋겠다.

맹인(망인) 치레 말고
생인(상인) 치레 하라

죽은 사람 애도하는 마음은 없이, 오직 자식 체면 보고 문상한다. 승용차며 택시 무리가 온 동네를 꽉 메우고 망인의 얼굴도 모르는 조문객이 구름처럼 모여들어 상가인지 잔칫집인지 분간할 수 없는 광경을 빚기도 한다.

머거죽이(머거주기)

바보. 밥통. 멍청이.

눈치코치 모르고 옳고 그름의 판단력도 없는 미련하기 이를 데 없는 멍청이, 밥통을 먹거죽이라고 한다.

멋대가리

'멋'을 속되게 이르는 말.

무를 땅에 묻어 놓고 꺼내 먹었다. 구정이 지나면 맛이 뚝 떨어지고 단단하지도 않다. 꾸어다 놓은 보릿자루처럼 볼품도 없고 인간적인 맛(인간미)이 없는 사람을
'그 녀석 설쉰 무시(무)같이 멋대가리라곤 한 푼어치도 없다.'고 빗대어 말한다.
사시사철 과일 채소가 나오는 세상이니 설 지난 무는 이제 옛이야기로 돌리자.

멍덕 쓰다

짚으로 만든 뚜껑을 뒤집어쓰듯이, 남의 허물로 인하여 해를 받다.

사람이 살다 보면 남의 죄를 뒤집어쓰고 도적의 누명을 입는 일이 있다. 이런 경우, 멍덕 썼다, 얼 입었다고 한다.

명당 쓴 집 자손

각종 대형 사고에서 극적으로 살아남은 것이 조상 덕임을 이르는 말.

열차 전복 사고 비행기 추락 사고 성수대교나 삼풍백화점 붕괴 사고와 같이 엄청난 인명을 앗아간 대형 사고의 와중에서도 천우신조로 살아남는 사람을 명당 쓴 집 자손이라 한다.

조상님이 문에 친 발처럼 서서 액을 막아주었다고 한다. 못 살고 못 된 일은 조상 탓으로 돌리면서도 요행수를 얻으면 조상의 음덕으로 조상을 추켜세운다.

살아서 부모 노릇 하기 어렵지만 죽어서 조상 노릇 하기는 더 어려운 일이 아닐까 싶다.

모실돌이(마실돌이)

이웃으로 돌면서 노는 일.

마을 위쪽을 '웃모실' 또는 '웃껏틔', 아래쪽을 '아래껏틔'라고 했다. 모실은 마실의 사투리다. 역마살이 들려있는지 일감을 가지고 웃모실, 아래껏틔로 몇 집씩을 돌아다닌다.

모실돌이 좋아하면 남의 흉이나 보고 말씨를 만들어 물음막음 대기(소문에 해명하기) 일쑤이므로 날이면 날마다 삐- 허니 모실돌이 다닌다고 핀잔을 받았다.

모지락스럽다

보기에 억세고 모질다.

자기 집 개를 발로 찼다고 해서 욕지거리하다 싸움이 벌어진다.
'네 이년아 아-들끼리 쌈 허기도 허는 건디, 너도 이년 자식 키우는 년이 남의 자식이라고 우리 막동이를 얼매나 모지락스럽게 뚜드러 팻간디 낯짝이 징채가 되고 꽃빛천지가 되게 만들었어-.으-ㅇ 이년아.'
개쌈이 아-들(애들) 쌈이 되고 아-들 쌈이 어른 쌈이 되는 일도 있다.

목자 사납다

눈매가 심술궂고 매섭게 생기다.

눈을 치뜨거나 옆눈질한다. 눈매를 보니 몹시 심술궂게 생겼다. 광대뼈가 툭 튀어 나왔다. 턱이 아래로 굽었다. 노랑 수염쟁이에 목 안의 소리 내는 사람을 보고 목자사납게 생겼다, 도적놈 같다, 사기꾼 같다고 하는데 대개 들어맞는다.
처녀의 양볼이 도화색(복사꽃 빛깔)이 끼이면 일부종사(一夫從事)를 못한다고 꺼리는데 거개 행실이 얌전치 못하다.

몬심

인정사정없이 독하게 먹은 마음.

가슴이 딱 벌어지고 우락부락하게 생긴 심술궂은 김가 성을 가진 곰배팔이가 살았는데, 곰배팔이 왼쪽손이었다고 기억된다.

홰등잔 같은 두 눈을 부릅뜨고 험상궂은 낯짝으로 곰배팔을 내지르며 달려들면 기겁을 하고 모두 도망쳐 버린다.

몬심 먹고 곰배팔을 탁 내리치면 방바닥이 깨졌으니, 그를 두려워하지 않을 수 없었다.

몰아 때려

여러 가지를 한꺼번에 쓸어 담아서.

떨이다-떨이. 다 팔고 이제 물건이 조금밖에 안 남았다.

'몰아 때려(굵고 작은 것 가리지 않고 싹 쓸어서) 천 원만 줘요.

떨이다-떨이. 몰아 때려 천 원-.'

몽낭청이(몽낭생이)

목석. 나무나 돌처럼 아무런 감정도 없는 사람을 비유적으로 이르는 말.

좋으면 좋다, 싫으면 싫다 할 줄 모르고 이래도 응, 저래도 응 하는 몽낭청이.

몽달구신(몽달귀신)

총각이 죽어서 된 귀신.

총각으로 늙어 죽은 사람을 몽달구신(귀신)이라 한다.

무뜩뜸

엄청나게 많이.

어따 핵교(학교) 운동장이 터지게 무뜸 모야 들었데. 사람 걸려 비비 뚫고 댕겼당개. 국회의원 나온 사람 느이(네 사람이) 연설허는디 나같은 놈 고까짓 연설 들으면 멋히여. 공짜배기 국시에 막걸리만 먹으면 그만이지. 그나지나 막걸리 풍년 들어서 여그서도 먹으라. 저그서도 먹으라 배꼽이 요강꼭지 되게 양씬 먹어주었지.

무시(무) 쪼각 들꼬 한숨 쉰다

이가 빠져 무 조각 하나 깨물어 먹기 힘든 상황을 빗댄 말.

마음은 있어서 무 쪼각을 들었으나 이빨이 있어야 와삭와삭 깨물어 먹지, 한숨이 절로 난다.
나도 돈만 있었으면 이빨을 해 넣었을 틴데, 또 한숨이 난다.
열차는 말할 나위조차 없고 버스 한 번 못 타 보고 죽는 시절, 50대부터 빠지기 시작하면 몇 년 동안에 이빨은 남지 않고 '합죽이'가 된다.

무장

갈수록 더.

우리 논이 산비탈에 다랑다랑(다랑배미)허고 정운기(경운기)
도 못 들어강개 공짜로 벌어 먹으라고 히도 덤비는 놈이 있어
야지 말이여-.

나도 인자 무장 힘이 부쳐 농사 못 짓겄어. 작년 달코(다르고)
올 달러. 살고도 죽은 목심(목숨) 되었당개. 헐수없이 논 묵혀
(휴경) 버렀지 어쩔 것인가. 안그렁가 이-ㅇ.

물 말어 먹을란디 더 먹소 헌다

잠시 수저를 놓았는데, 더 먹을 수 없는 안타까움을 표현한 말.

남은 밥 물 말아 먹을려고 수저를 놓으니, 속도 모르는 저 아짐씨
더 먹으라 하니 다 먹었다고 할 수밖에 없다. 다 먹어도 시원찮
은데…. 남은 밥은 꼬맹이 차지.

물음막음

대질(對質).

노기충천한 성진이가 헐레벌떡 쫓아 왔다.

'영선아 이놈아 이리나와.' 당장 오두막집을 쓸어버릴 듯한 기세다.

'이놈아 창식이란 놈이 늬 애비냐 하내비냐? 내가 그놈 숭흉 좀 밧기로서니 우르르 쫓아가서 꼬아밧처. 요놈의 주둥아리 찢어버러야겄어.'

입을 마구 친다. 다리몽생이를 분질러 버린다고 마구 찬다.

'어이 이러지 마. 나 그런 일 없당개'

'멋이 어찌어, 늬놈헌티 들었다고 허는디 뒤빼어. 가자 가서 물음막음 대자.'

물읍(물어주기)은
겨 껍닥(껍질)도 아깝다

남의 빚을 물어주자니 겨 껍질만큼도 아깝다.

빚 보증 섰다가 남의 빚을 물어주니 얼마나 억울하고 속이 쓰렸겠는가.

저(쌀겨나 보리겨) 껍질도 아깝기만 할 일이다.

민며느리

장래에 며느리로 삼으려고 관례를 하기 전에 데려다 기르는 계집아이.

호랑이가 무섭단들 입보다야 더 무서우랴. 오죽하면 '친정오 매 옹개 반갑긴 히도 입이 무섭다'고 했겠는가. 신랑은 사모관 대하고 신부는 족두리 쓰고 혼례 치르기는 꿈도 꾸지 못할, 가 난한 집 나이 든 총각에게 여남은 살 어린 나이의 딸을 예비 신 부감으로 보낸다. 이걸 '민며느리'라 한다.

내가 어렸을 적 꼭 두 집을 봤다. 딸네 집은 입 하나 덜어서 한 시름 놓고 총각네 집은 식구 하나 늘어 입이 무섭기는 해도, 이 렇게라도 해야 장가보낼 수밖에 별 도리가 없으니 울며 겨자 먹기다. 몇 년 후에 마당에 멍석 깔고 막걸리 사발 떠 놓고 맞 절을 하고 나서 부부가 된다.

반거충이

배움을 중도에 그만두어 다 이루지 못한 사람을 이르는 말.

무슨 재주를 배우다가 부지런하지 못하거나, 운대가 맞지 않아 다 못 이룬 사람을 이르는 말인데 '반거충이'를 이 고장에선 '반것청이'라 한다. 이것도 아니고 저것도 아니니 속담에 '중도 아니고 속도 아니다.'

우리 아들놈이 가수 된단다. 아-암 되고말고. 고놈이 노래는 썩 잘 불릉개 말이여. 부푼 기대감에 휩싸여 목댓줄(목구멍에 밥을 먹여줄)인 논밭을 팔아 뒷바라지한 보람 없이 4년이란 세월이 흘러도 가수 되었다는 희소식은 없고 돈만 달라 북 치듯 졸라댄다.

'망할 놈의 자식. 가수고 지랄이고 때려치우고 공장이라도 들어가든지 날품팔이라도 헐 일이지 돈 보내라고-, 어느 놈이 빚줄 놈도 없응개 있어야 주든지 말든지 헐게 아니어. 이놈의 자식 반것청이 대버렸으니 어찌헌대어.'

밤에 거무(거미) 버리면 밤손님 온다

밤에 천정에서 거미가 줄을 타고 내려오면 도둑이 든다는 속설.

울타리 나뭇가지에 앉아 째잭째잭 까치 울면 반가운 손님 온다 하고, 꽈-ㄱ 꽈-ㄱ 까마귀 울어대면 초상난다고 한다. 밤에 천정에서 거미가 내려오면 도적놈 온다고 한다.

밥 안 주고 물 안 주어도 잘 큰다

빚은 밥이나 물을 주지 않아도 크게 불어남을 이르는 말.

빚을 진 죄인이라 한다. 빚쟁이 앞에선 주눅이 들고 기를 못 편다.

빚 중에서도 상채(喪債)가 제일 무섭다. 초상(初喪) 소상(小祥) 대상(大祥. 탈상'脫喪'이라고도 함)의 삼년상(三年喪)을 치르고 나면, 빚은 밥 안 주고 물 안 주어도 밤낮으로 커버린다. 끝내 야반솔가도주(夜半率家逃走, 밤중에 가족을 데리고 달아남)하는 예도 있었다.

배고픈 놈 보고
요구(요기)시켜 돌라고 헌다

매우 힘든 처지를 더 힘들게 하는 요구를 이르는 말.

아침 점심 굶어 눈깔이 빙빙 도는 배고픈 놈 보고 요구시켜 돌라고 헌다.

쌈지 속에 돈푼이나 있으먼야 너도 먹고 나도 먹고 얼매나 좋 것냐.

* '시장헌 놈 보고 요구시켜 돌라고 헌다.'와 상통(相通)한다.

배채다

숨은 불만을 앙갚음하다.

조물주가 천지만물을 창조하실새 잠깐 졸음 사이에 선악을 범벅으로 뭉쳐 마련하셨는지 깊은 뜻을 알겠는가만은 고부지간(姑婦之間)은 원수끼리의 만남이다. 보리깡대기도 못 먹으니 젖이 나올 리 없다. 젖부리를 물고 늘어진 간난애기 자지러지게 울어댄다.

'네 이년. 내 배채라고 자식놈 뚜더러 패냐.'

독설을 퍼댄다. 비실거리다 넘어지면서 투가리 한 개를 깼다. 자기 배채라고 그릇 깼다고 욕설한다. '모기 배채라고 꾀벗고 잔다'는 말은 있지만 에미 배채라고 자식 패고 그릇 깨겠는가.

뱅애(저주)와
무계나무(무궁화나무)

무당의 무고(巫蠱. 인형에 바늘을 찌르는 주술)와 무궁화나무.

붕어와 미꾸라지 두 눈깔에 탱자나무 가시를 박는다. 미운 연놈 두 눈깔 곯아 버리라고 저주(咀呪. 남이 못 되기를 빌고 바란다)한다. 허새비(허수아비)에 천을 씌워 손목 발목에 탱자나무 가시와 바늘을 촘촘히 박는다. 뭐라고 한창 중얼대는 것은 저주하는 욕설일 거다. 백지에 뭐라고 글씨를 쓰고 화상을 그려 눈망울에 점을 찍고 코와 입에도 이리저리 그어댄다. 붕어나 미꾸라지는 무계나무(무궁화나무)에 걸쳐놓고 허새비나 글씨 쓴 종이는 문밖에서 태우거나 외딴곳에 묻는다. 어머니 등에 업혀서 여러 번 구경한 기억이 생생하다.

말이 나온 김에 무계나무에 얽힌 우습기도 하고 처량한 지난 일을 되새겨 보자. 더러운 고샅물이 흐르는 똘창가(개울가)의 앙상한 무계나무는 요리조리 뒤틀어진 가지며 모양새가 흉물(凶物)스럽기만 했다. 뜨물(진딧물)에 꽉 절어 꽃이 피어 봤자 눈여겨 봐주는 이 없는 아무런 존재가치 없는 서러운 신세였다.

눈앱피(눈병)가 돌라치면(유행하면) 무계나무가 울긋불긋 장식이 된다. 노랑 빨강 파랑 갖가지 색깔의 헝겊에 모래와 콩이나 팥을 섞어 넣은 주머니를 가지에 걸어 놓는다. 날이 새면 주머니가 늘어간다. 이를 쳐다보는 사람에게 병을 옮긴다고 하여 고개를 모로 돌리고 지나갔다. 8.15 광복 후에야 우리의 국화(國花)임을 알게 되었으니 나도 무던히 무식함을 깨닫게 됐다.

벌충하다

손실이나 모자라는 것을 보태어 채우다.

㉮ 시골 장꾼들은 다른 시골장에서 밑진 밑천을 대전 유성장(儒城場)에서 벌충할 수 있다는 생각에서 유성장을 어느 장보다 선호하고 있다.

㉯ 늦발에 벼슬을 하다 보니 승진이 늦어지자 그것을 벌충할 욕심이 생겨 정후겸의 집에 들락거리며 충복 노릇을 했다.

이상은 조선일보 연재소설 사설 정감록(私說 鄭鑑錄) 중에서 발췌.

잠 못 잔 것은 지사(제사) 지낸 폭 잡고 돈 잃은 것은 도적 맞은 폭 잡고…. 폭을 잘 잡아야 히여.

'여이 나바(나좀봐). 상항리 금판이 돈벌이 좋다고 허데. 돈이 흔전만전헌다고 허데. 거그 가서 돈 벌어 갖고 벌충허세.'

벼룩어서 간(肝) 낸다

아주 작은 것조차 욕심내는 마음가짐이나 행동을 탓할 때 쓰는 말.

콩도 먹을 콩 안 먹을 콩이 있는 것인디, 시상(세상)에 내 돈
띠어 먹어? 벼룩에서 간을 내지, 그것이 어떤 돈이라고.
늙은 년이 진 날 갠 날 손톱 발톱 닳게 품 팔어서 50만 원 주엇
는디 한 달만 쓰고 이자 처서 갚는다고 히 놓고 도망처 버려.
이놈 이 도적놈 디저서(죽어서) 구렁이도 못 될 놈.

벽돌림

벽을 등지고 둘러앉아, 놀이나 노래를 일정한 순서로 돌아가며 함.

벽을 뒤로 죽 둘러앉았다. 노래판이 벌어진다. 오른쪽에서 왼
쪽으로 돌아갈 것인가 왼쪽에서 오른쪽으로 돌아갈 것인가는
그때 상황에 따라 정한다. 이렇게 벽돌림이 시작돼 차례가 돌
아와 슬그머니 꽁무니를 뺄라치면 꽉 붙잡고 개 짖는 시늉이
라도 하라, 닭 우는 소리라도 하라 야단이다.
'왕왕 씩씩' 개 짖는 소리, '꼬끼요 꼭꼭' 장닭 울음소리로 모면
한다.

별 수 있간디

별다른 방법이 없다.

뾰족한 수가 없다. 묘수(妙手) 묘책(妙策)이 있을 리 없다. 지주댁 모 심으러 오라고 했는데 자기 논 모 심느라 못 갔다. '너이놈 누 덕으로 밥 먹고 사냐. 뒷골 논 서 마지기 딴 놈헌테 줄란다. 고연헌 놈 같으니라고.'
손이 발 되게 빌었지. 어쩔것잉가. 오-옹 허라먼 히야지. 죽으라먼 죽는 시늉이라도 히야지. 별 수 있간디. 안 그렁가?.

보둠고 죽었다

어럿이 함께 패했을 때 쓰는 말.

너 죽고 나 죽자 두 놈이 보둠고 물 속으로 툼벙.

지난 6.27 지자체 선거 때 여당인 민자당을 업고 김영주(기호 1번), 무소속으로 이순길(기호 2번), 야당인 민주당에 김영후, 이렇게 세 사람이 기초의원(군의원)에 출마했다. 기초의원에 한하여는 정당 공천을 하지 않았지만, 정당을 내세웠다. 2, 3번 싸움이라는 여론이 지배적이었고 그들도 그렇게 자신만만했었다.

결과는 2, 3번의 고배(苦杯)로 끝났다. 2, 3번 둘 중 한 사람이 출마 포기 했드라면 …의 뜻으로 말 좋아하는 사람의 입에서는 '두 놈이 보둠고 죽었다'라고 하는 것이었다.

보채다

어떠한 것을 요구하며 성가시게 조르다.

'야가 어찌 이리 보챈당가. 꼭 딘(덴, 화상 입은) 자식 보채덧 허네그리여. 사람 성가시럽게 허지 말어. 지금 죽 안 끓고 있냐. 쬐꼼만 참어. 너는 두 그릇 죽게 잉?'

볶아먹다

성가시게 굴어 사람을 괴롭히다.

'이녀석아 어찐다고 사람을 달달 볶아먹느냐. 나 너땜에 내 명
대로 못 살 것같다.'

본동만동

보고도 아니 본 듯이. 본체만체.

'제깟놈이 돈냥깨나 있다고 히서 우리같은 놈은 본동만동헌당
가. 어디 두고 보자. 자래(자라) 좆이 질다고(길다고) 논두럭
넘을까.'

봇물 터지다
상태가 급격히 활성화되다.

추수를 마치고 나면 울력(공동작업, 삯은 없음)을 하여 들판
위쪽의 내를 막아 물을 가두어 이듬해 못자리 시기가 되면 보
를 튼다. 봇물이 터지면서 쏟아지는 물 물, 장관을 이루었다.

북새통
많은 사람이 야단스럽게 부산을 떨며 법석이는 상황.

여기서는 소량판매도 이루어져 온갖 사람들이 다 몰려 한마디
로 북새통이다. 장내를 정리하는 사람은 '물건이 달리면 서로
살려고 아우성쳐 더욱 복잡하다.'면서 항상 이렇다고 한다. 수
삼센터는 사람(人)과 인삼(蔘)이 뒤엉킨 인삼 천지다.
이상은 1990. 8. 13. 매일경제신문, 한국의 장터의 한 구절.

고깃배가 떼지어 선창에 들이닥치면 구럭을 멘 사람 지게 진
사람 우우 몰려들어 북새통을 댔다. 잊힌 지난날의 줄포항 모
습.

북치듯

무엇을 함부로 때리거나 두드리듯.

고대 전쟁터에서 출전하는 군사들을 호궤하고(군사들에게 음식을 주어 위로하다), 높이 매달아 놓은 커다란 북을 친다. 둥둥 북소리는 메아리친다. 느리게 빠르게 북소리는 이어지고 군사들은 일제히 함성을 지르며 사기충천한다. 싸움을 독려하는 한 방편.

이렇게도 쓰인다.

코흘리개 꼬맹이가 없는 밥 돌라고 북치듯기 졸라댄다.

빚 갚으라고 북치듯기 성화댄다.

비 맞은 장닭 꼬리 같다

득의양양하던 사람이 맥없이 풀이 죽은 모양을 비유적으로 이르는 말.

닭의 벼슬은 위엄이 서리고 꼬리는 미(美)를 자랑한다. 그러나 비에 흠뻑 젖으면 볼품이 없다. 논밭에서 일하다 비 맞은 여인네들 몸뚱이에 찰싹 들어붙은 옷매무새는 장닭 꼬리보다 볼품 사납다.

비깜도 않다

보이지 않다. 얼씬대지 않다.

'일가친척 많으먼 멋 헌당가. 내가 똥구먹이 찌저지게 가난헝개 한 놈도 비깜도 안히여.'

ㅂ

비느니 한 끄니(끼니) 먹는다

귀신에게 비는 돈으로 가족끼리 한 끼 잘 먹는 게 더 실속 있음을 이르는 말.

음식을 차려 놓고 귀신을 달래고 비는 것이 푸닥거리인데, 돈을 들여 비느니 차라리 그 돈 가지고 식구들끼리 한 끼니 잘 먹자.

비상(砒霜) 앞에서 입맛 다신다

독약인 비상을 앞에 두고 입맛을 다실 정도로 몹시 굶주린 상황을 이르는 말.

배가 고프면 눈에 보이는 것이 모두 먹을거리로 보인다.
공것이면 양잿물도 굵은 걸로 가려 먹는다고 하니, 비상(독약)
앞에서인들 입맛 다시며 먹고 싶은 충동을 안 느끼겠는가.
먹으면 즉사하는 걸 번연히 알면서도 입맛이 다셔진다.

ㅂ

비어(버어) 먹어도
비렁벼(비린벼) 안나것다

어린 티가 나지 않으면서도 싱싱하고 젊은 여성에 대한 감탄.

'어따 고년 참말로 이쁘드라. 비어먹어도 비렁내 안나겠드랑개.'
'어이 지랄. 꼴사것이 좆 달렸다고. 이놈아 새양(생강) 먹고 맘
돌려라. 안주 없이 좋아허지 말고.'

빈차리

비실비실한 사람.

'에미애비는 저러코롬 허우대(허위대)가 존디 아들놈은 어찌
이러코롬 빈차리당가?
허기사 이놈 배갖고(임신해서) 굶기를 부잣집 개 밥먹듯 힛신
개 헐 수 없는 노릇이지. 쯧쯧.'

빠끔살이

소꿉놀이.

빠끔살이는 어린 계집아이들 놀이의 한 가지. 깩살풀(머리카
락같이 아주 가는 풀)을 뜯어 낭자를 만들어 각씨 만들고 상투
틀어 서방 만들어 아빠 엄마를 만든다.
새금치(사금파리)에 모래 담아 밥을 차린다. 이 외에도 여러
가지 흉내를 내며 놀았다.

뽀짝거리다, 뽀짝뽀짝

차츰 가까이 오려고 하는 동작. 바싹바싹.

'야 이놈아 가만히 자빠졌어. 어쩐다고 작꼬만 뽀짝거리냐. 내가 찬물 한 사발 먹고 있응개 하나나(행여나) 별것이나 먹는 줄 알고 뽀짝뽀짝 달라든당개.'

삐애기(삐아리) 오줌

병아리 오줌만큼 아주 조금.

'눈구먹(눈구멍)만헌 잔으로 먹을랑개 술이 간에 기별도 안 가고 삐애기 오짐만큼도 못 됐당개, 큰 잔 갖고 와.'

삐치다

성나거나 못마땅해서 마음이 토라지다.

'고놈의 자식 날이면 날마닥 밤이면 밤마닥 만날 술고래가 되어 각고 집구석이 양식이 떨어졌는지 나무(땔깜)가 있는지 없는지 통 건성이여.'

'야야 술 좀 정침허고(그만두고) 정신 좀 채리라.'고 형개

'오매 또 잔소리 허능구만.' 소래기 지르고 휙 나가 버렸단 말이여.

'제 놈이 멋 잘 힜다고 삐치기는 삐처, 자식 하나 있는 것이 저 지랄이니 나 못살어.' 방바닥을 치며 대성통곡한다.

사대육신(四大六身)

두 팔, 두 다리, 머리, 몸뚱이라는 뜻으로, 온몸을 이르는 말.

'사대육신 멀쩡헌 놈이 멀 못히서 얻어먹고 댕기냐(걸인을 나무람).'

'사대육신 성헌 녀석이 만날 빈둥빈둥 놀기만 허고, 그러고도 입에 밥이 들어가냐?'.

사람 하기 나름

성공과 실패도 자신이 어떻게 하느냐에 달렸음을 이르는 말.

못 산다 선영 탓하지 말고 못 배웠다 부모 원망하지 말라. 자기의 노력과 능력에 따라 성공할 수 있는 것 아닐까. 천만금의 상속재산을 헛되이 탕진하는가 하면 최고학부를 마치고도 쓸모없는 인물로 전락하는 사람도 있으니….

각기 사람 됨됨이에 따라 자기 나름의 성패가 달려 있는 법.

사십(사습)하다

어떤 일을 정식으로 하기 전에 연습으로 하다.

초성(목청)도 보잘것없는 주제에 노래랍시고 흥얼대면
'에이 지랄. 사십허고 자빠졌네.' 하고 웃어대는 것이었다.
80년대 들어서부터 해마다 단오절 무렵 전주(全州)에서는 대
사습대회(大私習大會)를 개최하여 전국에서 모여드는 국악 지
망생의 등용문을 열어 주고 있는데 '사십'은 '사습'의 와전이며,
오래전부터 열리던 사습놀이가 일정치하에는 끊긴 것으로 추
측된다.

산중에 앉아서 철 가는 줄 모른다

깊은 산 속에서 자연을 즐기며 속세를 잊고 살다.

심심유곡(深深幽谷)에서 한가롭게 자연을 즐기니, 세상 돌아가는
사정을 모르고 있다.

산지기

남의 산이나 뫼를 맡아서 돌보는 사람.

문중 선산을 유지 관리하고 분묘를 수호하는 '산직이(산지기)'는 천민계급이었다. 재실에 살면서 많은 문중 토지를 무상으로 경작하고, 시제 모실 때 제물만 제공하고 나면 산직이의 소득이 되므로 큰 문중 산직이 살이는 희망자가 적지 않았다.

4-5년 동안 착실히 한 밑천 잡아 신분을 은폐하기 위하여 대처 바닥으로 떠나는 사람도 있었다. 산을 살피려 문장이나 유사가 거동하면 두 무릎을 꿇고 극진한 술대접을 하는데 산직이는 연신 술만 따라 올린다.

술이란 대작해야 술 마시는 기분도 나고 운치가 나는 법인데…. 그래서 상대방에게만 권주할라치면 '이사람 산직이 술인가. 나 산직이 술은 안 먹어.'라고 한다.

시성 이백(詩聖 李白)은 '양인대작산화개 일배일배부일배'라, '둘이서 술마시니 산에는 꽃이 활짝, 한 잔 한 잔 또 한 잔 먹세 그려'하고 노래했는데, 산직이 술은 어떻게 표현해야 할까.

삼국지 7권 읽은 놈하고는

삼국지 7권을 읽은 사람은 지혜가 넘쳐 대적하기 어려움을 이른다.

겨울철 농촌 사랑방은 짚신 삼고 멍석 지으며, 이야기책 읽기에 밤 깊어감을 못 느끼는 계절이었다. 아낙네는 그들대로 방 안 가득 메우고, 책읽기꾼 모서다가 책 읽는 소리에 정신을 빨린다. 이야기책 가운데 7권으로 엮어진 삼국지는 단연 최고였다. 특히 남정네들의 경우.

유관장(유비 관운장 장비)의 도원결의며 삼고초려, 제갈량의 출사표 같은 대목은 숙연해지고 기상천외한 권모술수, 전략 등의 대목에 이르면 정신을 잃는다.

그래 '삼국지 7권 읽은 놈허구 송사 말라.'는 말이 생긴 것이다.

3년 병구완하고 죽사발로 뺨 맞는다

3년 동안 정성으로 병구완하고 하찮은 실수로 곤욕을 치른다.

하찮은 실수로 3년 동안 쏟은 정성이 물거품이 되고 말았다.

그래 3년 병구완하고 죽사발로 뺨 맞는다고 한다.

아흔아홉 사람에게 적선 말고 한 사람에게 원한 사지 말라는 말과 일맥상통한다.

삼당

세 가지 조건을 다 갖춘 터전.

'산 좋고 물 좋고 정자 좋고. 어디 삼당이 맞는 일이 그리 흔하당가.'

삼대 벼슬 못 하면 서인 되고…

집안의 뿌리를 제대로 알아야 명문대가의 맥을 이을 수 있다.

지금 세상에 양반 상놈이 있으랴만은 '삼대 벼슬 못 하면 서인(庶人) 되고, 삼대 무식하면 상놈 된다.'는 말은 영원불멸의 철칙이라고 나는 확신한다.

흔히 '명문대가'하면 덕망 있는 공직자. 독립 유공자, 학술의 명성을 떨친 유명인사 등을 많이 배출한 집안을 일컫는다.

벼슬 못하고 또 명문대가가 못된 것은 큰 수치거리는 안 될망정 자기네 시조나 파조를 모르고, 시조의 몇 대 손이 되는지 항렬은 무엇인지 모르는 거는 상놈의 범주에 속한다. 미국 어느 대학에는 우리나라의 족보를 빠짐없이 소장하고 보학(譜學)을 진지하게 연구한다고 하며 국내에 찾을 수 없는 족보를 보존하고 있다 한다.

삼불신(三不信)

세 가지 믿을 수 없는 일.

① 못 믿을 건 청춘과부의 재혼. 말로야 간난아기 키우면서 수절하겠다고 다짐한 것도 허사. 장작불은 쑤석거리면 불이 꺼지고, 젊은 홀어미 추적거리면 변절하기 마련.

② 방긋 웃음짓는 아리따운 아낙네의 교태는 금방 호랑이 장가가는 날씨로 변하고 종잡을 수 없는 겨울 날씨처럼 믿을 수 없다.

③ 노익장을 자랑하던 늙은이의 돌연한 죽음. '밤새 안녕하셨는기요?'의 인사말은 매우 함축성을 띤다.

삼삼은 구 아홉 구먹(구멍) 뻔하다

우리 몸의 아홉 구멍의 기운이 잘 통해야 건강하다.

아홉 구먹은 이렇다. 두 귀[耳], 두 눈[眼], 두 콧구멍[鼻孔], 입[口], 생식기, 항문.

'야 이놈아 33은 9 아홉구먹 뻐-ㄴ 허냐.'는 인사말은 정곡을 찌른 명언이다.

삼시랑(삼신) 단지 몇 개 깨다

아기를 몇 낳을 기회를 놓친 일을,
아이 점지와 해산을 돕는 삼신을 모신 단지를 깼다고 한다.

20세 넘은 처녀가 어드메에 있다는 소문이 나면, 삼시랑 단지
두 개는 깼다느니(시집갔더라면 아기 둘은 낳았을 텐데) 세 개
는 깼다느니 하며 입방아를 찧어댔다.

농가에서는 거개 쌀과 미역을 담은 삼시랑 단지를 안방의 시
렁 위에 두고, 아기를 점지한다는 삼신할머니를 모시는 풍습
이 있었다.

새경

농가에서, 한 해 동안 일을 한 대가로 머슴에게 주는 돈이나 물건.

머슴에게 주는 일 년치의 임금으로, 주로 벼로 계산했다.

1930년대의 새경은 상머슴이 벼 엿 섬(100근짜리 12가마니)
정도였고, 두 섬 석 섬 등 가지각색이었다.

음력 정월 보름 지나 쥔네(주인의) 집에 기거하며 농사일을 하
고, 섣달그믐날 떡방아 찧어 주고 머슴은 자기 집으로 돌아간
다.

생시어 먹은 맘 취중어 난다

평상시의 잠재의식이 술에 취해 드러나는 일을 이르는 말.

부수 모수(아버지나 어머니를 박살하거나, 죽게 한 원수) 아닌 다음에야 웬만한 일은 잊힌다. 그러함에도 술잔이나 들어가면 생시에 먹은 맘이 취중에 생각나, 해묵은 섭섭했던 일이 잠재의식으로 발동하여 시비를 걸고 싸움이 벌어지기도 한다.

ㅅ

서방 덕 못 본 년이 자식 덕 보랴

좋은 남편 못 만난 여자가 좋은 자식 만나기도 어려움을 이른 말.

여편네를 북치듯 치고 굶기기를 부잣집 개 밥먹듯 하면서, 노름판에서 쌈도부를 하던(싸움질이나 하던) 서방놈이 죽었을 때 눈물 한 방울 안 흘렸다.

오직 자식놈 하나 의지하고 꼬부랑 늙은이가 됐건만, 닮지 말란 애비 닮아 어려서부터 오늘날까지 애간장을 녹인다.

'이년이 잘못이어 아-ㅁ 잘못이고 말고. 물에라도 빠저 진즉 죽었어야 힌는디. 서방 덕 못 본 년이 자식 덕 보겠어.'

섣달이 둘이라도 시원찮다

아무리 시일을 연기해도 일을 깔끔하게 마무리하기 어렵다.

까다로운 문제를 놓고 머리를 맞대 의논을 해봐도 중구난방 (衆口難防)으로 뾰족한 수를 찾지 못한다.

'별수 없네, 되야가는 대로 히보세.'

'그리여 섣달이 둘이라도 시언(시원)찮당개.'

45년 전쯤 음력 섣달이 둘이었으니 달력에 따라 그믐날이 30일과 29일로 달라서 한동네에서도 구정을 두 가지로 쉰 일도 있었다. 정말 시원찮은 일이었다.

성 바꿀 놈

성질이나 품행 따위가 좋지 아니한 사람을 속되게 이르는 말.

만주 보낼 놈, 성 바꿀 놈이란 농담과 욕설은 한 시대의 단면상 (斷面相)을 보여준다.

전자의 경우는 살길이 막혀 정든 고향산천을 뒤로하고 돌아올 기약 없이 눈물의 만주이민을 가야만 하는 농민의 참상이었 고, 후자의 경우는 제 성씨(姓氏) 값을 못 하는, 어버이의 덕망 과 사업을 대받지 못한 불초자제에 대한 치욕적인 욕설이다.

말이 씨가 된다던가. 1940년 일제가 조선총독부령(朝鮮總督 府令) 창씨령(創氏令)을 제정 공포하여 일본식으로 강제로 성 을 바꾸도록(강제역성. 强制易姓) 하고 말았다.

* 창씨의 실례 한 토막.
  김해 김씨 = 金海(가네우미). 金田(가네다).
  광산 김씨 = 金光(가네미쓰).
  이씨 = 木村(기무라). 李家(이노에).
  오천 정씨 = 烏川(가라스가와).
  성산 배씨 = 星山(호시야마).
* 공직자 사업가 유명인사 중 상당수는 개명까지 했다.
* 1946. 12. 24. 군정법령(軍政法令) 조선성명복구령(朝鮮姓名復舊令)에 의하여 직권으로 호적을 정정했다.
* 창씨 불응자는 불령선인(不逞鮮人. 후떼이센진, 불온하고 불량한 조선 사람이라는 뜻)으로 요 시찰인 대상자가 됐다.

섶 달고 나선다

맞섶과 어김섶, 또 너비에 따라 섶 다는 법이 다르기에,
남이 섶을 달 때 참견하고 나섬을 이르는 말.

의견상충으로 말이 오가는 판국에 약방의 감초격으로 끼어들
어 말 참견을 한다. 그러면 주변에서 핀잔을 준다.
'야 가만 자빠졌어. 왜 섶 달고 나서냐. 저고리에 섶 달듯기시
리.'

소금 있어야 간 넌다

소금을 넣어야 음식의 간을 제대로 맞춰 맛을 낼 수 있음을 이르는 말.

소금이 있어야 쇠(소)간을 찍어 먹고, 남은 걸 소금에 절여 두고
두고 먹을 텐데. 올(올해)같은 홍애(홍어) 풍년이라도 내 칼 없
으면 홍애 좆을 먹을 수 없지.

소매동냥

여러 집을 다니며 먹을 것을 얻어서 소매 안에 넣어가지고 다님.

'소매동냥을 해서라도 자식 가르쳐야 한다.'

소매동냥이란 뭘까?

양반 출입은 의관 정제하고 소매가 넓은 콩소매 달린 도포(道
袍)를 입는다. 기-ㄴ 담뱃대를 드는 것 말고는 손에 물건을 드
는 것은 금기사항.

에헴 큰기침을 하고 갈지자 양반걸음으로 대문에 들어서면,
내심 이맛살을 찌푸리면서도 반색을 하고 쫓아나와 맞이한다.
술과 음식을 대접받고 집으로 돌아갈 때는 주인은 대문 밖까
지 전송하면서 적잖은 엽전 꾸러미를 콩소매에 넣어준다.

'어- 번번이 신세져서 미안해.'

이것을 소매(콩소매)동냥 했다고 한다.

소박맞다

남편에게 박대를 당하다.

시집살이 못 하고 친정으로 쫓겨오는 것을 소박맞았다고 하며,
당시 지체 높은 양반의 체통에 먹칠하는 수모를 면치 못하는
불상사였다.

시집 식구며 일가친척이 고운 눈으로 봐줄 리 없다. 끝내 목매
자살하거나 투신자살하는 경우도 있었고, 야간 도주하여 영영
행방을 감추기도 했다.

속내(속사정)

겉으로 드러나지 아니한 속마음이나 일의 내막.

'농사도 솔찬히(제법 많이) 짓고 지낼 만허면서도 죽것다고 헝
개, 내 그 집 속내 모르것당개라우.'
'아니어, 겉으로 내색은 안히도 둘째딸네 집이 똥꾸먹이 찌저
지게 가난헝개로 일가친척 암도 모르게끔 뒤를 바주는 눈칩디
다. 남의 집 속사정 모르는 것이라우.'

손 안 대고 코 풀기

일을 힘 안 들이고 아주 쉽게 해치움을 비유적으로 이르는 말.

'민식이네 꼬치밭(고추밭) 풀밭 되아버렸대.'
'그렁개 말이어. 지심도(김도) 안미고 농약도 안헌단 말이네.
봉지 터진 삿갓 물고 홍수 떨어지기 바래는 거지. 그 사람 남
의 굴에 기(게) 잡고 올룽개(올가미) 없는 개장사 헐 사람이
지.'
'그러고 말고, 손 안대고 코풀라고 허닝개 원.'

손 없는 날

날짜에 따라 방향을 달리하여 따라다니면서
사람의 일을 방해한다는 귀신이 없는 날

'오늘 내일은 동쪽에 손 있는 날잉개 모리(모레) 가그라.'
'아무날이나 흙 붙치고(붙이고) 못질허먼 통투(동티)나는 기
여.'
장 담그는 날도 손 없는 날을 택하고, 병아리 깨는 일이며 사소
한 일도 결부시켰다. 병아리 깨는 계절이 되면 암탉이 스스로
알아차려 퉁어리에 앉아서 물 먹을 때를 빼고는 꼼짝도 않는다.
며칠 기다려 암탉의 자세에 변함이 없으면 계란을 넣어주는

데, 계란 모양이 긴 것은 숫병아리라 하여 둥근 것만 골라서, 열아홉 개 또는 스물한 개(짝을 맞추지 않음)를 검정 보자기로 덮어 손 없는 날 초저녁에 한 알씩 조심스럽게 넣어주면 두 발로 골라 두 날개로 싸안는다.

배고프지 않게, 목마르지 않게, 날마다 모이와 물을 갖다준다. 암탉은 매일 달걀을 굴려서 온도 조절을 한다. 그럼 어김없이 21일이 되면 달걀을 쪼아 병아리가 태어나는데 대개 80~90%의 병아리를 얻는다.

마당 앞 장꽝 뒤 산나무는 그 방향 따라 금줄을 치고 손 없는 날 벤다. 이걸 어기고 손 있는 날 하는 모든 일은 영락없이 동티를 맞는다고 했다.

* 음력 초하루 이튿날은 동쪽에, 사흘 나흘은 남쪽에, 닷새 엿새는 서쪽, 이레 여드레는 북쪽에 손이 있고, 손 없는 날은 아흐레 열흘 열아흐레 스무날 스무아흐레와 30일이다.
* 손은 날을 따라다니면서 사람을 방해 놓는 귀신으로, 손 없는 날은 이 귀신이 하늘로 올라가 버린다고 한다.
* 손톱 발톱 깎는 것도 손 없는 날 하라고 어른들이 일렀다.

솔찮히

상당히. 제법 많이.

'성진 엄마 멋히여-.'
'예-. 허실삼어 마당 갓이다 강낭콩 쬐꼼 심었는디 이렇게 많이
나왔어라우.'
'어디. 어매, 손바닥만헌 디서 솔찮히 나왔네. 옹골지겄구만(속
이 뿌듯하겠구만) 그래. 나 종자 쪼꼼만 주어.'

솥단지하고 내기하다

굶주림을 누가 오래 견디나 솥단지와 내기할 정도로 먹을 게 없는 처지.

솥단지가 말한다.
'여보 주인 양반 어째 내게 아무 것도 안 주오. 나 굶어 죽겄오,'
주인은 이렇게 대답한다.
'우리 식구도 사흘 굶어 모두 피어 자빠졌는디 너 줄게 머 있어
야지야. 솥단지허고 누가 더 견디능가 내기허자.'

쇠술(수저)로 밥 떠먹는 사람이

놋쇠로 만든 숟가락을 쓰는 사람이 짐승만도 못할 때 한탄하는 말.

새는 부리로 쪼아먹고 짐승은 주둥이로 먹는다. 오직 사람만이
쇠술로 음식을 떠먹는다.

'사람이면 사람이냐, 사람이 사람 행동을 해야 사람이다.'라는
말처럼 금수만도 못한 행동을 하는 자를 가리켜 흔히 쓰이는
말이다.

수퇘지(숫돼지)

돼지의 수컷.

숫돼지를 살까 암돼지를 사야 할까, 속 재판 끝에 수컷을 샀다.
백새금치(하얀 사금파리)로 부랄을 까고 소금을 쟁였으니 거
세도 끝냈겠다.

'이놈아 자꾸자꾸 커라, 너 팔아 한밑천 잡아 암돼지 사서 새끼
내야것다.'

시드럭부드럭
(시드럭푸드럭, 시신대푸신대)

꽃이나 풀 따위가 시들고 말라서 윤기가 없고 거친 모양.

농작물이 배배 꼬이고 있다. 불을 지르면 확 타 버릴 것만 같은 절박한 고비를 맞고 있다. 비를 기다리다 지친 농사꾼의 마음도 타들어가고 있다.

한밤중에 후두둑 빗소리가 귓전에 와 닿는다. 마당에 뛰쳐나와 하늘을 우러러본다. 서쪽 하늘에 비 머금은 검정 구름이 서서히 몰려온다.

고대했던 비는 시드럭푸드럭, 시신대푸신대, 삼각산 몰랭이(산마루) 비 온 둥 만 둥.

아리랑이 떠오른다.

"삼각산 몰랭이 비 온 둥 만 둥 어린 가장 품에 품고 잠 잔 둥 만 둥"

시만하다

시간이 한참 지나다.

① '해마다 또박또박 물어 주었는디, 시만히서야 3년 전 텃세 안 냈다고 북치듯기 졸라 대니 어쩔것이여. 억울허지만 꼼짝없이 물어주고 말았제.'.

이런 억울한 일이 더러 있었고, 빚 갚고 증서 안 찾아 재징수 당하는 실례(實例)도 있었다.

② '여보시오들, 다 죽고 없오?'

'빨리 문 좀 열라니까요.'

꺼꾸리가 사랑방 문고리를 잡고 흔들어 댔다.

'이 밤중에 웬 사람들인고?'

시만해서야 잠에서 금방 깬 척 한 사람의 소리가 방안에서 울려 나왔다.

- 1990. 12. 1. 전남일보 '山火 산화'

시먹다

버릇이 못되게 들어, 남의 말을 듣지 않는 경향이 있다.

허수아비에 놀란 참새떼는 점차 시먹어서 손에든 파리채에 날아 않는 파리처럼 도리어 허수아비에 걸터앉는다. 우여- 우여- 쫓는 소리도 시먹어서 목청껏 소리쳐도 신척도 않고 옆에 쫓아가야만 저만치 날아간다.

어디 새뿐이랴. 사람도 한 소리 또 하고 또 되풀이하면 '호가도 창창불락(好歌唱唱不樂, 좋은 노래도 자주 들으면 즐겁지 않음)으로 시먹는다.

시방

지금.

'영수 아부지, 아부지가 얼른 오시라고 히라우.'
'오냐 나 시방 바뻐서 얼른 못 가겄싱개, 이거 끝내고 반 시간쯤 뒤에 간다고 히라.'

신소리

상대편의 말을 슬쩍 받아 엉뚱한 말로 재치 있게 넘기는 말.

'어저끄 뒷골 방죽 틈에서 수염이 한 자나 되는 소당깨만헌(솥뚜껑만한) 두꺼비가 나를 보고 화등잔만헌 두 눈깔을 꿈벅거리면서 절하드란 말이세.'

'그리서 어찟어.'

'때깨칼(주머니칼)로 얼른 수염을 짤라서 개와(호주머니)에 넣을라고 하는 참에 방죽 주인놈이 헐레벌덕 쫓아오더니 수염값 내라면서 철석 따귀 한 대를 치드란 말이여. 수염값이 얼매냐고 헝개 한 냥 내라고 허드만. 내 뺨(뺨) 한 대 값도 한 냥잉개 잇대 버리자고 했지.'

'참말로 신소리 한번 잘허네.'

'우리 동네도 인자 잘살게 됐단 말일세. 초가집 싹 쓰러버리고 지아집(기와집)을 지어주고 …. 또 거그다가 논 열 마지기씩 사준다네.'

'누가 그런 씨잘디없는 신소리 허등가?'

'우리 고을 국회의원이 나허고 약속했어. 머, 공약인가 고약인가라고 장담하드구만.' '언제 그러등가'

'어저끄 밤 꿈에.' 또 한바탕 웃음.

'자네들 막걸리 먹을라치면 김치가닥허구만 먹소. 오징어 안주 히서 먹으면 영락없이 체해가꼬 4년 지나야 낫고 재수 없으면 8년 12년 되어도 나실똥(나을 둥) 말똥 헌다네.'

'자네 신서방네 촛병 깼능가(신소리 그만하라는 말). 그만저만 해두소.' 또 한바탕 웃어대는데.

'내가 체증 있다고 히서 나 들으라고 허능가. 내가 8년 12년 고상허면 멋이 그렇게끔 시언허겠능가.' 화를 벌컥낸다.

신소리꾼 능청을 떤다.

'아니어. 그렇게 술 먹으면 누구든지 체증이 생기는 것이랑게. 자네는 김치 안주만 먹으먼 걱정헐 것 없어.'

人

신입구출(新入舊出)

새것이 들어오고 묵은 것이 나가 서로 바뀌어 갈리다.

새로이 온 사람들은 들어오고 먼저 와있던 사람들은 나간다. 애경사를 치르는 집 또는 술집에서 '우리 신입구출하세.'라며 자리를 비운다.

신척

시늉.

아무리 불러도 골방에 처박힌 막내녀석 들은 신척도 않는다.

'어서 큰방으로 가자. 아침 먹고 싸그싸그 핵고 가야지. 지각헐
라.'

'선상님헌티 잘 사정히여. 내일은 꼭 월사금(수업료) 내겠다
고…. 상철네 집에 가서 '품' 내다 챙겨놀게.'

애원조로 타이르는 엄마의 말을 들은 신척도 않고 코만 부는
막내 녀석. 딱하기도 하여라.

* 월사금 못 챙겨 보통학교 중도폐학하는 학생이 6년 동안에 7-8명은 되
  었,고 수학여행비 없어 불참하는 수는 5-6명이 넘었다.

실렁실렁(슬렁슬렁)

서두르지 않고 느릿느릿 굼뜨게 행동하는 모양.

'꼬꼽허게(꼼꼼하게) 히주어봤자 알어줄 리 없고, 옷고롬에 솜
노아줄 것도 아닝개 실렁실렁 치워버리자고.'
주인 면전에서는 꼼꼼하게 하는 척한다.

실팍지다

사람이나 물건 따위가 보기에 매우 실한 데가 있다.

'어-그놈 실팍지다.'
나이에 비해서 덩치가 크고 매우 강건하게 생긴 어린이를 두
고 하는 말.

심심풀이, 심심소일

심심풀이로 어떤 일을 하며 시간을 보냄, 또는 그런 일.

① 전화벨이 따르릉.

'김형 나여. 지금 멋허고 있능가.'

'으-ㅇ, 하도 심심히서 마당 풀 좀 뽑고 있어.'

'이사람아 심심허먼 장 치소(음식맛이 싱거움에 빗대어). 그나 지나 동철네 집으로 오소. 병식이랑 재식이랑 영철이랑 함꼬(함께) 있어. 꿈적그리지 말고 싸게 와.'

'여바 나 영철이어. 심심소일로 막걸리 내기 화투 치고 있는디, 자네 생각나서 오석이가 전화 헌것이여.'

② '한형, 요새 집에서 머허능가.', '심심풀이로 병아리 열댓 마리 허고 퇴끼(토끼) 여남은 마리 키우고 있네, 심심풀이는 되느만.'

싸그싸그(싸게싸게)

빨리빨리.

'싸그싸그 오느라(빨리 오라). 해 다 간다 싸그싸그 히버리고 가 자.'

논밭 작업에 해가 지니 얼른 끝내자는 작업독촉의 말.

싸다

저지른 일 따위에 비추어서 받는 벌이 마땅하거나 오히려 적다.

'그놈의 자식 벼락 맞어 디졌담서. 그놈 천벌 받어 싸지. 아-ㅁ
그러고 말고 벼락 맞어 싸다 싸.'

싸목싸목

동작이나 태도가 급하지 아니하고 느리게. 천천히.

'난리(전쟁) 처들어 오능가 왜 이리 서댄대여(서두르는 거여).
오늘만 날이당가. 싸목싸목 허세.'

싹아지(싸가지)없다

버릇없다. 싹수가 없다.

싹아지없는 놈, 싹둑머리 없는 놈, 보초때기 없는 놈. 못된 행동만 하는 자에게 퍼붓는 욕설이다.

싼거리나다(싼거리하다)

물건을 싸게 팔거나 사다.

싼 물건 동나서 못살까 봐 허둥대다 넘어진다는 비유.
넘어진 사람에게 다친 데는 없는가 하고 위로하지는 못할망정, 싼거리났구먼 비웃는게 농담치고 너무 심하다.

쌔코롬하다(새콤하다, 새초롬하다)

조금 쌀쌀맞게 시치미를 떼는 태도가 있다.

'밤새 안녕하시오 헌다드니 어저끄는 봄날씨 같이 푸근허더니만, 오늘은 제법 쌔코롬허니 추워지는구만, 아마 눈 장만 허능개비어.'

쏭개쏭개

마음이 들뜨거나 초조하여 가만히 참고 기다리지 못하는 모습.

간드러진 농악 소리가 들린다. 쏭개쏭개. 궁둥이가 들썩들썩. 어깨춤이 절로 난다. 굿판에 가면 막걸리잔이나 있을거고. 에-라 모르겠다. 삼든 짚신 팽개치고 달려간다.

쑥떡같이 말해도
알아듣기는 찰떡같이

서투른 표현이지만 속뜻을 잘 새겨 달라는 말.

'쑥떡같이 말해도 알아듣기는 찰떡같이'는, 두서없이 무슨 뜻인지 알아들을 수 없어도 새겨들으라는 뜻이다. 내가 말하기 전에 상대방의 말을 진지하게 들어 주라고 하는데도 나 자신 그러하지 못함을 항상 뉘우친다.

人

씨구랑하다(쑤구랑하다)

시무룩하다.

'저헌티 잘못헌 일 없는디 나를 보먼 씨구랑히 각고(씨구랑해 가지고) 말도 잘 안헌당개. 똥구먹 가란줄(가려운줄) 모른다더니, 참 알 수 없는 일이여.'

아귀가 맞다

앞뒤가 빈틈없이 들어맞다.

'아귀'란 물건이 갈라진 곳으로, 양쪽을 맞대어 맞으면 '아귀가
맞다'고 한다.

두루마기나 여자의 속곳에 옆을 터놓은 구멍도 '아귀'라 하는
데, 구멍이 틀어지면 아귀가 안 맞게 된다.

신이 아닌 인간사에 아귀가 척척 맞는 일이 얼마나 있으랴,

'자네 말이 아귀가 맞지 않네.'라는 말을 흔히 듣고 있다.

아닌 밤중에 찰시루떡

뜻밖에 좋은 물건을 얻거나 행운을 만났다는 말.

귀를 베어가도 모르게 깊은 잠에 빠져든 사랑방꾼들을 머슴
놈이 깨운다. 아니 이게 머시다냐. 아닌 밤중에 찰시루떡이라고
찰시루떡에 고기 안주며 막걸리상이 있지 않은가. 그 집 제삿
날이었으니 죽은 사람 덕 톡톡히 본 것이다.

아롱이다롱이

아롱진 무늬가 비슷비슷하나 고르지 못하듯이,
세상일은 무엇이나 똑같은 것이 없다는 말.

비단에도 얼이 있고 줄로 된 무늬가 고르지 못하고 총총하거
늘, 하물며 한 부모에게서 태어난 자식이라 해서 아롱이다롱이
아니겠는가.

인간은 모두 천성과 개성이 있으며 십인십색이요 만인부동이
니(모든 사람이 같지 않으니) 천지조화가 아니랴.

아서

그렇게 하지 말라고 금지할 때 하는 말.

① 뒷집 노훈 아버지가 작대기를 짚고 나오지 않는가.
헛간에 처박아 둔 써금써금한 자전거를 닦아서 끌고 나가드란
다. 한참후에 그 알량한 자전거를 끌고 절둑거리며 오드라고
노훈 어머니가 설명했다.
'박생원, 무슨 바람 불었어요? 엿장사도 안 가저갈 요놈의 껏
내버립시다.'
'시영 아버지, 보기도 실응개(싫으니까) 내버려 버리기라우.'
노훈 어머니의 말이 떨어지기도 전에, 노훈 아버지가 헐레벌
떡 절둑거리면서
'아서, 아서, 이사람아! 가만두어.'

* 순진무구한 박생원이 불귀객이 된 지도 어언 5-6년이 됐고, 그 자전거
도 눈에 뜨이지 않는다.

② '아서 네깐 놈 열 번 죽었다 깨나도 못 헝개, 저리 치나^{비껴}.
너나 나나 재주가 메주잉개 손도 대지 말어.'
하긴, 사람은 아프면 병원에 가고, 고장 난 분무기는 수리센타
신세 져야지.

아스러지다(아스라지다)

부서져 잘게 되다.

사우(祠宇. 사당)는 퇴락하고 석물(石物)은 기울고, 뙤(잔디)가 벗어진 분묘는 공산명월이다. 천하를 주름잡던 당대의 권신호족(權臣豪族)의 누운 자리는 세상사 영고성쇠를 말해준다. 자손이 아스라지면(몰락하면) 이 꼴이 되고 만다.

안 시끄러-

시끄러운 소음으로 짜증이 날 때, 조용히 하라고 다그치는 말.

우는 아기를 아무리 달래도 그치지 않는다. '안 시끄러-'하고 버럭 소리 지른다. 시끄럽게 하지 말라는 뜻인데, 어쩐지 말씨가 맞지 않고 어색하다.

알량하다

시시하고 보잘것없다.

① 자기 농장에 일 많이 해준 부인네들에게 몸빼(여성들이 쉽게 통으로 입을 수 있는 고무줄 바지) 하나씩을 선사했다. 줄려면 쓸만한 것 줄 것이지 알량하게 요까짓 것 준다고 투덜투덜.

② 알량한 헌 우산 하나 잃었다고 콩당거리냐며 핀잔을 준다. 자기는 더 노닥거릴(자꾸 늘어놓을) 참인데도.

앓느니 죽는다

남을 시켜서 시원치 않게 일을 하느니 당장에 힘이 들더라도
자기가 직접 해치우는 편이 낫다는 말.

오랜 병고(病苦)로 몸져누워 앓고 있으니 그 고통은 헤아릴 길
이 없지 않겠는가.

오죽하면 앓느니 죽겠다 하리요. 몸 성한 사람도 이 문자를 쓰
는 경우가 많으니, 팥죽 같은 땀이 줄줄 흘러내리는 한여름에
10리 길 보리 한 가마니 져다 주고 오라 한다.

'아서, 돈도 싫고 술도 싫어 앓느니 죽겠네.'

'쉬면서(일허지 말고 하루 쉬라며 생색을 내는 말) 곰소 가서
소금(소금) 한 가맹이(한가마니) 져 오너라.'

머슴은 기가 탁 막힐 노릇이다. 앓느니 죽고 말겠다.

'곰소가 이디라고, 왕복 60리 길이 아니요.'

암시랑 않다

아무렇지 않다. 괜찮다.

'물비암(물뱀)은 독이 없응개 물렸어도 암시랑 않어.'

앞가림하다

앞에 닥친 일을 처리하다.

'막내야, 너 애인 생겼냐, 늬 나이가 몇 살이냐. 느그들 모다 앞
가림만 허먼 나 아무걱정 업겄다.'
늦어만 가는 자식 결혼을 걱정하는 노모의 애절한 심정이다.

앞뜸

한동네 안에서 앞쪽에 몇 집이 따로 모여 있는 구역.

줄포면 목하(木下) 부락을 '미영골'이라 불러왔다. 큰 동네에서
조금 떨어져 있는 굴포둑 서편으로 너댓 집이 있었는데(지금
은 한두 집 더 된다) 이곳을 동네 앞쪽 구역이라 해서 '앞뜸' 큰
동네는 '큰 미영골'이라 했다.
어느 큰 동네에서 조금 떨어져 있는 곳에 두 집이 생기면, '두
가우(家宇)뜸', 세 집이 생기면 '세 가우뜸'이라 했다.

앞지락(앞자락)이 넓다

비위가 매우 좋다. 관심을 가지는 분야가 매우 넓다.

제 앞지락(앞자락)도 넓지 못한 것이 아무것도 모르면서 앞지락 넓게 이러쿵저러쿵 하니 꼴불견일 수밖에.

애상 되게 받친다

슬프고 가슴 아픈 감정이 강하게 일어나다.

속이 열두 번도 더 뒤집혀도 당할 수밖에 없는 일이 있다.

(제1화)
'어어 대선아 너 잘 만났다. 나허고 술 한잔 먹자' 소매를 끈다.
'내가 언지 술 먹든가? 밀도 놉 얻어서 가는디(밀밭도 일꾼과 함께 갈 정도로 술하고 거리가 멀다). 못 먹는줄 알먼서도 그러능가?'

'그리어, 늬가 못 먹으먼 나 한잔 사도라.'

골마리를 잡고 끌어대니 창피스러워서 술집으로 들어가게 됐다.

'이놈아 소주 한 병 사고 말기냐? 한 병 더 사 …'

'이거 안주가 머냐?' 투정을 부린다.

'나 오줌 쬐게 싸고 올랑개 여그 꼭 있어. 알았냐.' 비틀거리고 나가는 사이 대선이는 삼십육계 줄행랑.

일수가 사나와서 '애상' 되게 받쳤다.

(제2화) 20여 년 전 필자의 봉변 사례

늦가을 어느 날 밤 여덟 시쯤 서류정리에 몰두하고 있는 판에 느닷없이 이수한이가 쑥 들어닥쳐 술 마시러 가자며 옷 소매를 붙들고 늘어진다.

몸을 가누지 못하는 만취 상태에서 돈뭉치를 냈다 넣었다가 흘리기도 하고. 나갔다 또 들어오고 서너 번 되풀이하는 와중에 정전되어 촛불을 켜 쥐어주고 내바람배웅했는데 채 5분도 안 되어 되돌아온 그가 내 방에서 돈이 없어졌으니 내놓으라며 도적으로 모는 것이다.

자정이 넘어 지서에 갔는데 밝는 날 오라는 것이다. 지서에서 나와 십리 밖 자기 집에 가겠다는 그를 안집에 데려다 윗방에 재우는데 잠시 후 뛰쳐나와 큰소리치는데 정말 걸작이었다.

'형님만 안방에서 자고 나는 윗방서 혼자 자라고 허요? 이런 법

이 어딨오?'

안방에서 우리 식구와 함께 자자, 권해 봤드니 우루루 대문을 박차고 나가버렸다.

이런 애상 받치는 일이 있담. 치밀어오르는 분노를 삭히느라 애꾸진 담배만 피워 댔다. 그는 다음날 아침 일즉이 찾아 왔다. 양말을 신고 잤는데 그 안에 돈이 들어 있드라고 했다.

앵뚱이

억척스러운 사람. 억척이.

서방놈은 뱃놈의 개처럼 빈둥거려도, 그 아내는 궂은날 갠 날 가리지 않고 품 팔고 땔나무하며 굴뚝에 연기(煙氣) 내니(끼니를 끓이니) '앵뚱이'라 칭찬들 한다.

요즘말로는 한동안 TV 화면에 비쳤던 또순이다.

양철보리밥이면

끼니도 못 먹는 처지에 찰보리밥을 가려 먹는 모습을 비꼬는 표현.

굴비는 살진 배찐더기(두툼한 배 부분)만 발라먹고 홀떡 내던
지면 개가 감지덕지 먹어댔고, 쌀밥에 보리 한 알만 들어 있으
면 밥상을 엎어대 요란법석을 낸다.

그런 호강을 하며 교동으로 자란 부잣집 막동인들 끼니 갈망
못할(처리하지 못할) 신세가 됐으니 어떡하랴.

'여바, 이리와 보리밥이지만 한 술 뜨소.' 꼴삭꼴에 옛날의 기는
살아서

'양철 보리밥이면 먹어야지.'

* 양철보리는 찰보리의 한가지.

양판

딴판. 전혀 다른 모습이나 태도.

'점식이는 으뭉(음흉)히서 속맘을 짚을 수가 없지만 점근이는
저그 성(형)허고는 딴 판이어. 헐 것은 헌다 못 헐 것은 못 헌
다, 딱 잘라 말허구 옳은 것 그른 것을 가릴줄 알고. 아주 양판
이어.'

어디야

반어적 의문문에 쓰여, 아주 대단함을 이르는 말.

'자전거 빌려준 것만 히도 어디야, 헌디 그냥 갖다주먼 쓸 것이
냐. 깨깟이 소제히 각고(청소해 가지고) 갖다주어라. 그러고
고맙단 말 빼먹지 말고.'

어리짐작(어림짐작)

얼추 마음속으로 어림잡아 헤아림.

'서당개 삼 년에 풍월을 읊는다'고 지관(地官)을 따라 묘를 많이 써 본 사람이 산세를 보며 '한자리 쓸만하다'고 어리짐작한다. 이런 사람을 가리켜 '짝대기 지관'이라 하는데 무시하지 못한다. 농사일로 잔뼈가 굵은 사람은 논밭 일을 하거나 '선일꾼'(서서 쟁기질하기 때문에 붙은 이름)이 쟁기질을 해 보면 그 면적을 어리짐작으로 맞추는데 큰 차이가 안 난다.

어린 자식 물가에 두고 오다

여러 가지 걱정을 앞세워 일찍 자리를 뜰 때 핀잔주는 말.

옷소매를 붙잡고
'더 놀다 가. 화롯가에 엿 놓고 왔능가, 어린 자식 물가에 두고 왔능가. 어찌 이리 서둘러 싸.'하며 핀잔을 준다.

어린애 보는 데선
입맛도 못 다신다

작은 행동도 눈치가 보일 때 쓰는 말.

쩍 입맛을 다시는 걸 보고 '오매(엄마), 멋먹어, 나 좀.'하며 애
들이 달려든다.

어린애 보는 데선 입맛도 못 다신다더니.

어린애 잠 열 소곰과
어른 잠 한소곰

어린이가 잠깐씩 열 번 자는 것이 어른의 깊은 잠 한 번에 못 미친다.
아무리 애써도 따라잡기 어려움을 빗댄 말.

한잠 자는걸 한소곰, 두 잠 자는걸 두 소곰이라 한다. 벼룩이
열 길 뛰어 봤자 방바닥이고, 어린애 잠 열 소곰이 어른 잠 한소
곰이다.

어마어마하다(거창하다)

매우 놀랍게 엄청나고 굉장하다. 거창하다.

63빌딩을 보는 시골 영감.

'어-매 저놈의 집 좀 보소. 어마어마허게 높네.'

'으-ㅇ 참말로 거창허네' 옆에 있는 노인의 대꾸.

억대기

억지. 어거지.

무식한 사람이 제 잘못을 사과할 줄 모르고 억대기를 쓰는 것은, 그 피해는 그다지 크지 않다. 그렇지만 정치인 행정관료 유명인사의 억대기 피해는 아주 헤아릴 수 없다.

억장이 무너지다

슬픔이나 고통이 지나쳐 매우 절망하다.

달을 지고 새벽에 나가 별을 이고 돌아오는 성팔이 내외였다.
둘이서 며칠을 두고 선자논(소작답) 열 마지기에 모를 심고 무
럭무럭 자라는 모포기를 보면 굶어도 배부를 지경이었다.

호사다마(好事多魔)라고 어인 날벼락이냐. 장마에 강둑이 무
너져 논은 흔적도 없어지고 모래 자갈밭으로 변해 버렸다.

'멋 먹고 산대여. 빚은 누가 갚고. 아이고-아이고-.'

마누라는 땅을 치며 통곡하고 억장이 무너진 성팔이는 멀거니
먼 산만 쳐다볼 뿐이다.

얻어먹는 놈이
쌀밥 보리밥 찾는다

남의 덕으로 살아가고 있는 형편에 좋은 것, 나쁜 것을 가리며 트집을 잡다.

주는 대로 먹을 일이지 얻어먹는 놈이 쌀밥 보리밥 찾고 투덜대고 투정 부릴 게 뭐냐. 잔칫집에서 배꼽이 요강꼭지 되도록 실컷 얻어 퍼먹으면서도 정과가 잘못 만들어졌다. 화채국이 덜 달다. 술맛이 시다. 이것저것 트집 잡고 흥을 본다. 제 집구석 보리 한 되 없는 주제에 절로 터진 주둥팩이 나불나불 잘도 놀린다.

얼간이

됨됨이가 변변하지 못하고 좀 모자라는 사람.

여름이나 가을철 며칠 동안 먹는 김치를 담을 적엔, 소금을 적게 넣은 연한 소금물에 살짝 '얼간'하고, 겨울 김장은 이듬해 초여름까지 먹어야 하므로 소금을 많이 넣은 진한 소금물로 간을 친다. 그래서 푼수 없는 사람을 '얼간이'라 한다.

* 남정네들은 김장거리를 져 나르고, 아낙네들은 흐르는 물에 씻어 다시 집으로 져 온다.
김장담그기는 아낙네들의 몫이다. 무김치, 배추김치, 동치미, 싱건지, 가락김치 등 여러 가지를 담가 크고 작은 옹기 항아리에 저장한다.
날씨가 따뜻하면 시어 버리므로 추운 때에 하니 추위에 덜덜 떨면서 큰 고생을 한다. 부잣집은 남녀 십여 명이 엉켜 며칠 동안 큰 잔칫집을 방불케 했다.

얼레

어(가볍게 놀라거나 당황했을 때 내는 말). 어머.

'얼레, 저 냥반 큰일 났네. 작꼬(자꾸) 어두어지누만. 20리길 언지(언제) 걸어서 집에 갈라고 저런대여…'
'꽃니 아부지, 인자(이젠) 술 그만 먹고 어서 갑시다요.' 손목을 끌어당긴다.

얼르다(어르다)

편안하게 하거나 기쁘게 하려고 몸을 흔들어 주거나 달래다.

며느리는 미워도 손주놈은 예뻐하는 것. 입 맞추고 쓰다듬고
안아주고.

'이 미운 놈(예쁜 놈의 반어적 표현), 이 강아지야' 하며 얼러대
는 할머니는 눈에 넣어도 아프지 않을 지경이다.

업동이, 업구렁이

집안의 재산을 늘려주는 사람과 그런 구렁이.

가령 막내아들이 태어나면서부터 살림살이가 '물 묻은 쪽박
(바가지)에 깨 달라붙듯' 늘어가거나, 큰며느리 얻으면서부터
위와 같은 행운이 찾아오면 그 아들과 며느리를 그 집 '업동이'
라고 칭찬하고 부러워한다.

구렁이가 '업'(집안 살림 지키는 짐승) 노릇 한다 하여 업구렁이
라 하고, 집안에 구렁이가 보이면 불길한 징조라 하여 남이 알
까 보아 쉬쉬하였다.

큰 구렁이가 나타나면 '재수 없으면 파산, 재수 있으면 업'이라
고 한다.

* 한 집안의 살림이, 그 덕이나 복으로 늘어간다는 구렁이나 또는 사람을
  '업'이라 하는데, 시골 노년층에는 지금도 믿는 이가 적지 않다.
  뱃속의 회(회충)가 말을 시킨다고 믿는 사람도 많이 있었다. 환자의 뱃
  속에 회충이 우글거리니 죄다 없애야 한다는 의사에게
  '멋이라우. 회가 말을 시키는 것인디 다 죽여버리면 벙어리 되라고 허
  능그라우.' 하며 화를 내는 것이었다. 줄포 병원 고 백원장(백남칠씨)과
  나는 그들이 떠난 후 한바탕 웃어댔다. 약 20수 년 전의 일이다. 요즘에
  야 그런 사람 없겠지.

업어다 난장 맞힌다

애써 한 일이 자기에게 손해 되는 결과를 가져온다는 말.

'차라리 밭이서 썩커(썩혀) 버릴 것을 고얀시(괜히) 장에 각고
나와봉개, 상추 다듬은 쌌도 안된단 말이어. 업어다 난장 맞힌
거여.'
과잉생산으로 인건비도 못 건진 것이다.

엎어 맞고 뒤집어 맞다

이렇게 당하고 저렇게 당하고 계속해서 맞다.

대장장이 아저씨는 불에 달군 쇠붙이를 쇠도마에 올려놓고 엎
어 치고 뒤집어 치고 요리조리 망치질을 하여 모양새를 잡는
다.
그런데 이렇게 당하고 저렇게 당하고 설상가상으로 당하기만
할 때에 잘 쓰는 말이 '엎어 맞고 뒤집어 맞는다.'이다.

엎어지면 코 닿는다

엎드리면 코가 닿을 만큼 가까운 거리.

엎드리면 코 닿을 만큼 가까운 거리. 그래도 지척이 천리(咫尺千里)라고 아무리 가까운 거리라 해도, 막상 꼭 볼일 없으면 가지 못한다.

'에끼 이 사람 엎어지면 코 닿을 턴디 내가 못 산다고 한 번도 안 찾어 오능가.'

여드레(야드래) 팔십 리도 앞당겨야

큰일도 조금씩 늘려가며 꾸준히 노력하면 성취를 앞당길 수 있다.

앉은뱅이 아닌 바에 구십 노구라도 하루 십리씩 걸으면 여드레에 팔십 리를 갈 수 있다. 그러나 천재지변, 돌발 사고가 없으리라 어찌 장담하겠는가. 하루에 20리 30리 씩 걸어 앞당기란 뜻으로 노년층에서 많이 쓰인다.

여새기다

남몰래 가만히 보거나 살피다. 엿보다.

큰방에서 더 먹는가 정지(부엌)에서 더 먹는가 두리번거리고, 떡전에서 큰 것 고르고, 닭전에서 이놈저놈 들어 무게를 가늠하고, 어떤 놈이 돈 얻어와 공술 낼까 하고 은근히 기대하기도 한다.

이런 사람은 제 버릇 개 못 주고 일생을 여새긴다. 그 사람 여색거리기 좋아하다가 도시에서 집 한 채 장만하는 데 4년 세월 흘려보내고, 결국 비싼거리(비싸게 산 물건) 했다고 한다.

여자 팔자는 두룸박(두레박) 팔자

여자는 시집가서 남편에 따라 신세가 달라짐을 비유한, 전근대적인 관용구.

물이 많은 샘에서는 두레박 가득히 떠올리고, 물이 샘 바닥에 깔려 있으면 바닥 긁는 소리만 나고 두레박을 올려보면 물은 한두 그릇에 불과하다.

남편이 장관 되면 장관 부인으로 귀부인이 되고, 막노동꾼 아내 되면 노동자 아내가 된다. 옛 어른들이 이를 일러 '여자 팔자는 두룸박 팔자여.'하고 말했는데, 결혼 후에도 자신의 힘으로 새로운 운명을 개척해 내는 여성들이 즐비한 세태와는 맞지 않는다.

연득없이

미리 생각함이 없이 갑자기.

식혀 가면서 천천히 마셔야지 성질 사납게 후루룩 국물을 마셨다. 아이구 소리가 절로 난다. 입천장이 해어졌다.

'엇다 그놈의 것 연득없이 뜨겁다. 허 참 혼났다.'

열고 보나 닫고 보나

이렇게 하나 저렇게 하나 마찬가지임을 비유적으로 이르는 말.

'얼근이 그놈, 그따우로 공부 히각고 무슨 놈의 대학 붙어? 열고 보나 닫고 보나 묻지 마라 낙방이지. 그만두어 물어보나 마나잉개.'

엽전

예전에 사용하던, 놋쇠로 만든 돈.
봉건적 인습에서 아직 탈피하지 못한 사람이라는 뜻으로,
우리나라 사람이 스스로 를 얕잡아 이르는 말.

내가 보통학교(초등학교) 2학년(열한 살) 때까지 엽전을 동전과 함께 사용했고, 관공서에도 엽전으로 세금을 받았다. 3학년 때부터는 청관(중국인의 상점)에서만 받아주어 엽전이 몽땅 그리로 쏠렸는데, 그들은 어떻게 처치하였는지 알 수 없다.

기차 달리는 소리를 '칙칙폭폭'이라 한 것은 훨씬 훗날이고 이 고장에선 '엽전 팔 푼 동전 팔 푼 장성 갈재 언지 갈까.'라고 표현했다.

내가 일본 '오오사까'로 징용갔다 나중에 노가다판으로 도망쳤는데, 노가다들의 자학적(自虐的)인 말 가운데, 일본인을 '쪽바리' 우리 동포를 '엽전'이라고 비하해 불렀다.

오뉴월 품은 자고 나서 갚는다

오래 끌지 말고 갚을 것은 바로 갚아야 한다는 말.

농민끼리 상부상조하는 미풍양속 중에 '품앗이'가 있었다. 품을 앗은(제공한) 쪽에서 어느 때이든 요청이 있으면 품을 갚는다. 그러나 농사철의 절정기인 오뉴월 품은 자고 나서(곧바로 다음날) 갚는다.

오뉴월엔 죽은 송장도 일어난다

농사일로 몹시 바쁜 오뉴월엔 죽은 송장도 일어나 도와줄 정도다.

오뉴월은 논일 밭일이 겹쳐서 눈코 뜰 새 없이 연중 가장 바쁜 때이니, 송장인들 누워만 있으랴. 벌떡 일어나 도와주고 싶을 것이다.

오다가다 우뚝 서다

이렇게 해야 할지 저렇게 해야 할지 갈피를 못 잡는 어려운 처지.

저만치 갔다가 다시 이쪽으로 되돌아왔다가 갈피를 못 잡고 우뚝 서버린다. 이리 갈까 저리 갈까, 이렇게 할까 저렇게 할까 망설여지는 초조한 심정. 오다가다 우뚝 선 진퇴양난(進退兩難)이다.

오리(五厘) 보고 십리(十里) 간다

장사꾼은 작은 이윤을 보고 먼 길을 간다.

예를 들어 15원(圓) 53전(錢) 8푼(分) 5리(厘)는 돈의 계산단위이고, 1석(石) 3두(斗) 4승(升) 8홉(合) 6작(勺)은 곡물을 비롯하여 양(量)의 계산단위이다. 여기서 5리는 거리를 계산하는 5리 10리를 가리키는 것이 아니라, 이윤추구를 목적으로 하는 장사꾼이 5리(厘)의 이익을 보고자 10릿길을 간다는 뜻이다.

옥작옥작

여럿이 한곳에 모여 조금 수선스럽게 들끓는 모양.

회의 진행의 절차와 상식이 없는 사람은, 몇 사람이 미리 짜 가지고, 자기들끼리 옥작옥작한다고 불평불만이다. 시골 농민들이 국회 본회의를 견학하고 '우리 동네 사랑방 회의만도 못하다.'고 했다는 기사(記事)가 기억난다.

올릉개(올가미) 없는 개장사

밑천이 없이 장사를 하려는 것을 비꼬아 이르는 말.

개를 샀으면 목을 올릉개 걸어 끌어야 할 터인데도 맨손이다. 꽁지를 끌고 올 것인가 아니면 업고 올 것인가.

'돈키호테'는 애교나 있는데, 이는 완전히 올릉개 없는 개장사다. 세상에는 이처럼 밑천도 없이 아지랑이나 신기루를 잡으려는 허황한 사람이 있으니 때론 겁도 난다.

옳지

갑자기 좋은 생각이 떠올랐을 때 내는 말. 옳거니.

'옳지, 옳지, 응 그렇게 히여. 참말로 요녀석 공부만 잘 허능게
아니라 손재주도 비상허당개라우.'

옴니암니

자질구레한 것들까지 다 헤아려 따지는 모양을 나타내는 말.

'이 사람아, 내 말 들어봐. 옴니암니 따지면 세 짝 반(쌀 세 가마
니 반)이 넘어. 어쩐가?'

'그리라우. 저도 알구 있구만이라우. 염치 불구허구 본전 두 짝
만 가져 왔시라우. 사정 좀 바 주시기라우.'

'그리어 자네 사정이 어려운 줄 나도 알고 있어. 그리허소.'하
며 차용증서를 내주는 사람이 있는가 하면,

'멋이여 이놈. 내 쌀 갖다 기집 자식 멕여 살리고서… 낯짝 존

놈 같으니라구.'

'본전 내놓고 이자는 올 가실(가을)에 올 이자까지 쳐서 갚어야 히여.'

'어째 싫냐? 싫으면 본전도 띠어먹고(떼먹고)? 소작 준 내 논밭 내놓아.'

이렇게 옴니암니 따지고 드는 노랭이도 있다.

옹 허라면 옹 히야지
(옹 하라면 옹 해야지)

약자는 강자가 하라는 대로 비위를 맞출 수밖에 없음을 이르는 말.

옹 허라면 옹 히야 허고, 엉 허라면 엉 히야 한다. 만에 하나라도 비위를 거스르는 날이면 볼 장 다 본다. 약자는 강자 앞에선 죽으라면 죽는 시늉이라도 해야 한다. 이것이 엄연한 현실이다. 이것 어찌하랴.

옹골지다

실속 있게 꽉 차 있다.

'아이고, 창수 할매 또 손주 봤담서라우, 얼매나 재미지것능그
라우. 삼대 독자 외아들헌티서 서성정봉(書聖頂峯. 글 잘하고
몹시 뛰어남)같은 손자 셋을 얻었웅개, 얼매나 옹골진 그라우.'
'암 옹골지고 말고라우, 나 인자 죽어도 눈 감고 가것구만이라
우.'

외삼촌 산소 벌초하듯

어떤 일을 성의가 없이 되는대로 마구 하는 것을 비유적으로 이르는 말.

마지못해 하는 외삼촌 묘소 벌초이고 보니 정성 들이지 않고
그저 형식적으로 그럭저럭 실렁실렁 풀을 뜯는다. 그래서 성
의 없이 하는 일을 '외삼촌 산소 벌초하듯' 한다고 한다.

욕보다

고생스러운 일을 겪거나 힘든 일을 해내다.

'날도 뜨거운디 보리 가맹이(가마니) 져 나르느라고 욕봤다.'
'자네 부인이 입원힛담서 얼매나 욕보능가.'
'욕 좀 봐주소.' 등등 헤아릴 수 없다.

우꾼

어떤 기운이 한꺼번에 자꾸 세게 일어나는 모양.

보통학교만 포도시(겨우) 마친 재봉이가 농업학교 상업학교 고등보통학교 출신 대부분을 물리치고 당당(堂堂)히 공무원 시험에 상위권으로 합격하자 근동일원(近洞一圓, 가까운 동네 전부)이 우꾼했었다.

우두거니(우두커니)

정신없이 또는 얼빠진 듯이 멀거니 서 있거나 앉아 있는 모양을 나타내는 말.

밥 먹고 똥오줌 누고 잠자는 것은 여느 사람과 같은데, 온종일 우두거니 앉았거나 서 있고, 말을 걸면 응 한 마디뿐이다. 말 한마디 없이 하루해를 넘긴다.

이렇게 몇십 년 세월 흐르다 보니, 사람들이 우두거니 먼 산만 바라보는 사람을 '먼산바라기'라 했다.

우수

일정한 수효 외에 더 받는 물건.

참외, 감, 복성(복숭아), 능금, 살구, 앵도(앵두) 등 과일은 백 개를 한 접이라 했고, 한 접을 사면 열 개를 우수로 주었다.

한때는 양조장에서 자기 술을 팔아주는 술집에 막걸리 열 말에 우수로 한 말을 주던 때도 있었다.

우장 입은 병아리

격에 맞지 않는다는 뜻의 말.

대가리 반쯤 숙이고 두 날개가 축 젖어 움직임이 시원찮은, 우장 입은 병아리는 며칠 못 가서 죽고 만다. 그래서 어깨가 축 늘어지고 행색이 추레해진 사람을 '우장입었다'고 한다.

'성철아 너그 아버지 추레해각고 우장입었더라. 갈 날 얼매 안 남은 것 같웅개 슬슬 치상 준비 허그라.'

'그리여 나도 그리 생각히어. 인자 일은 당히(당해) 났어.'

우황(牛黃) 든 소 앓듯

답답한 사정이 있어도 남에게 말하지 못하고 혼자만 괴로워하며
걱정하는 경우를 비유적으로 이르는 말.

내가 여덟 살쯤의 일로 기억되는데 이웃 마을 이생원댁 소가
우황 들었다는 소문에 외양간에 누워 있는 소를 꼭 한 번 본 일
이 있었을 뿐, 그 후 오늘까지 이러한 소문을 들은 일이 없다.
우황 든 소는 두 눈알이 외꽃처럼 노랗고 번득거리며 끙끙 앓고
있었다. 나이 많은 어른네들도 처음 보는 일이라 했다. 우황은
아주 드물고 값이 엄청나게 비싼 것이라고도 했다.
우황 든 소가 앓듯이, 속을 터놓지 못하고 괴로워하는 이들도
많다. 화가 잔뜩 나서 씩씩거리는 자더러, 너 왜 우황 든 소 앓
듯 허냐고 농담 삼아 놀리기도 한다.

* 우황(牛黃) : 소 쓸개에 병(病)으로 생기어 뭉친 물건. 강장제 또는 경
  간(驚癇, 어린애들의 간질) 약으로 쓰임.

울력

여러 사람이 힘을 합해 일을 함.

'울력'한다 하면 사흘 전부터 게을러진다고 한다.

길 울력에는 고양이 발톱 같은 닳아져 빠진 괭이, 째진 삽, 이 빨 빠진 낫을 골라가지고 오는 사람 몇 명씩은 꼭 찡개었고, 이 런 자들의 일하는 모습은 영락없이 '서리맞은 구렁이'와 흡사 하다.

마을 다리 놓기 울력 ,샘 울력, 마을 길닦기 울력, 하천 막기 울 력 등등 갖가지 울력이 많았었다.

중국인 한 사람이 일본인 두 사람을 당하고, 일본인 두 사람은 중국인 스무 사람을 당한다는 말이 있다. 일본인의 단결력을 표현한 것이다.

우리네는 각자 자기 일에는 엄청난 힘을 발휘하면서도, 여러 사람이 모이면 힘이 분산된다. 우리네의 의식구조 개선은 전 도요원한 것인가.

* 울력 : 여러 사람이 동원되어 삯을 받지 않고 하는 작업.
* 길 울력 : 자기 마을에 지정된 지점의 비포장 국도와 지방도를 손보는 작업으로서 노면 및 측구(側溝, 물이 잘 빠지도록 차도와 인도의 경계 에 만든 얕은 도랑) 정리와 제초작업.

윗돌 빼서 아랫돌 괴고
아랫돌 빼서 윗돌 괸다

일이 급할 때에 임시변통(臨時變通)으로 이리저리 둘러맞추는 모양을 이르는 말.

임시변통(臨時變通)이라고도 한다.

가난한 살림살이를 이렇게 저렇게 맞춰 가며 임시방편으로 헤쳐나간다.

윗돌 빼서 아랫돌 괴고 아랫돌 빼서 윗돌 괴는 셈으로, 근본적인 해결과는 거리가 멀다.

유군과 농군

하는 일 없이 놀고먹는 사람과 열심히 농사짓는 농사꾼.

농군(農軍)은 늙어 허리가 굽을 때까지 노동만 하고 유군(遊軍)은 일평생 손톱 발톱에 흙을 묻히지 않았다.

삼복더위 무더위 속에서 유군은 평상 위에서 낮잠을 즐기고, 농군은 땀으로 목욕을 하며 김을 맨다. 반세기 전 농촌의 한 단면을 회고해 본 것이다.

유두날 알록달록허면 풍년이다

유두(流頭, 음력 6월 15일)는 칠석(음력 7월 7일)과 더불어 농민의 양대 명절이었다.

부잣집과 대농가에서는 막걸리와 돼지고기 닭죽까지 푸짐하게 내어온다. 모두 마음의 부자가 돼버린다. 그동안의 농사일에 쌓인 피로를 말끔히 씻고, 그저 즐겁기만 한 하루였다. 들판에는 제때 심은 모는 짙푸르고(검다고 함) 늦모는 약간은 노랑색을 띠워 알록달록 하니 올해는 풍년이다.

농사는 투기사업이다. 부앙사업(아래를 굽어보고 위를 우러러보는 사업)이라고 했다. 하늘에서 제때 비를 줄 것인지, 비를 주지 않아 백답(白畓, 모내기를 못한 논)을 만들지, 애써 가꾼 모가 잉태기에 바다로 변할른지, 다만 대자연의 섭리에 맡길 수밖에 없는 것이었다.

육두잽이

상스러운 육두문자를 쓰며 함부로 행동하는 사람.

식견(識見)이 있는 것도 아니고 무정견(無定見)하게, 사려(思慮) 없이 행동하며 말하는 사람을 가리켜
'저 사람은 육두잽이로 허는 사람잉개 조심히여야 혀.'라고 한다.

육장

한 번도 빠지 않고 늘.

'아이고 이 원수야. 에미애비는 굶으면서도 네놈은 아침저녁
하리(하루) 두끄니는 죽 한사발씩이라도 멕이는디, 육장 배고
파 밥주어 잉 허고 졸라대냐.'
'굶어 디진 구신 씨어(씌어) 됐냐.'
이는 옛날 얘기가 아니다. 1960년대까지 이어졌던 가난한 농
민의 참상이었다.

으씩도 안 한다

조금도 반응을 보이지 않는다.

듣기 싫은 소리를 해도, 욕지거리를 해도 으씩도 안 한다.
뺨을 맞아도 마찬가지다. 이러니, 싸움이 되지 않는다.

이 걱정 저 걱정 하지 말고
한 가지만 하라

하지 않아도 될 걱정 하지 말고, 정작 필요한 걱정만 하라는 충고.

양식이 떨어졌다 걱정, 땔감 걱정, 이것저것 걱정하지 말고 돈 걱정 한 가지만 해라. 쓸데없는 걱정 해 봤자, 돈만 있으면 다 해결되니 말이다.

유전이면 가사귀요(有錢可使鬼, 돈이 있으면 귀신을 부릴 수 있다는 뜻으로, 돈의 전능함을 표현한 말), 유선이면 무죄 되고 무전이면 유죄라 하지 않는가.

이 새 저 새 먹새가 제일

'음식 먹세'란 말이 제일 좋다는 뜻을, 음이 비슷한 '먹새'로 빗댄 표현.

일판에 새참이 나왔다.

'어서들 와 이 새 저 새 먹새가 제일 아닝가.'

밥 먹새(먹세), 떡 먹새 술 먹새. 먹새는 많기만 하다.

이 청 저 청 가래바지 청이 제일

이 청탁 저 청탁 중 가래바지 입은 아내의 잠자리 청탁이 제일 효과적이다.

여인네가 입는 밑이 트인 속옷을 '가래바지'라 했다. 직장에서 승진하려면 가래바지 청(청탁)이 제일이라고 한다.
잠자리에서 아내가 자기 눈에 든 사람의 청을 하면 거개 들어 준다 하여 생긴 말로, 아주 그럴싸하다.

이골 나다

어떤 방면에 길이 들어서 버릇처럼 아주 익숙해지다.

얻어 먹기 이골난 이재건은 홀악질(일꾼인 놉 없이 홀로 하는 작업)을 하다 이웃에 새참거리가 나오면 오란 말 없어도 얼른 쫓아가서 먹어 댄다. 점심도, 오후 새참도 또한 마찬가지다.
이웃에 술판이 있기라도 하면 사냥개 냄새 맡듯 콧구멍을 벌름거리면서 쫓아가서 배꼽이 요강꼭지되도록 얻어 마신다.

이래도 흥 저래도 흥 하다

자기 주견이 없이 주변의 말에 휩쓸리다.

점심 먹으러 온 작은머슴의 말이다.

'쥔 양반, 때가 되면 얼른 밥 먹고 나서 일허면 되지 안능그라우.'

주인의 반응,

'응, 니 말이 맞다.'

큰머슴은 '점심 쬐깨 늦게 먹을 폭 잡고 쪼꼼 남은 고랑 끝내고 가잔개로 말을 먹어 주어야지 말이라우.'

'응, 자네 말이 맞네.' 주인의 똑같은 대답이다.

부엌에서 점심상을 차리던 마누라는

'누구 말이 맞고 누구 말이 틀렸다고 히야지, 둘 다 맞다고 허능그라우.'

'응, 자네 말도 맞네.'

주인은 세 사람 모두 맞는 말이라고 하였다.

이애기는 이 애기 또 애기는 또애기

이애기(이야기)는 이(곤충) 애기(아기),
또 애기는 또애기(똘기, 채 익지 않은 과일)로 단어의 음을 가지고 하는 말장난.

동지섣달 긴긴밤의 이야기판은 빼놓을 수 없는 추억거리였다.
방 한가운데 등잔을 놓고 그 앞에 이야기꾼이 앉고 노년층과
어린애들이 방안 가득 앉아 있다.

이야기꾼은 재담과 농담을 섞어 가면서 때론 노랫가락으로,
까막까치(까마귀와 까치) 지저귀는 소리며 동물 소리와 새떼
소리를 내고, 자유자재로 입담 좋게 이야기를 늘어놓으면 모
두 무아지경에 빠져들어간다.

'이야기 보따리 죄다 털어 버렸구만이라우. 인자 집이 가서 방
독이나 저야것구만이라우(잠이나 자야겠어요).'

'아니 그새 갈라고 허능가. 가만 잇어 술상 들어옹개.'

이야기꾼은 못 이긴 체 주저앉는다. 술상과 싱건지(국물 김치)
와 고구마 바구리가 들어온다. 모두 게눈 감추듯 먹어 치운다.

'여바 댐배 한 대 먹고 쉬었다가 또 히바.'

어린애들은 더 졸라댄다.

'이애기는 이 애기 또 애기는 또애기. 이가 애기를 업고 벼랑박을
뽀옥뽀옥 기어가드란다.'

웃음소리가 방안을 가득 메웠다.

이월 하리아드레날 콩 볶아 먹고 뒷산에서 목 매단다

하리아드레날에 가족들과 콩 볶아먹은 며느리가 자살을 시도한다는 뜻으로,
여성들이 겪던 시집살이의 혹독함을 말해 준다.

봄이 다가온다. 하리아드레날인 음력 이월 초하루, 굶주린 창
자 부둥켜 안고 이제 고된 농사일을 어떻게 시작하나 걱정스
럽기만 하다.

아니 그보다 견디기 어려운 것은 촉새같은 시누년(시누이년)
과 초독스럽기 이를 데 없는 시어미의 시집살이는 치가 떨려
차라리 죽고만 싶다. 살자니 고생이요 죽자니 청춘이라 하지
만 …. 에라 모르겠다, 죽어 버려야지.

이제 음력 이월 초하루인 하리아드레날 가족들이 모여 콩을
볶아먹던 풍습은 사라졌다. 하리아드레날이면 한 해 농사를
앞두고 머슴과 여종에게 떡과 음식을 대접하고 위로하며, 한
해 농사에 힘써 줄 것을 당부했다. 그러나 며느리는 그런 위로
마저 없이 시누이와 시어미에게 혹독한 시집살이를 해야 했다.
그래서 '이월 하리아드레날 콩 볶아먹고 뒷산에 올라 썩은 새끼로
목 매단다.'는 말이 생겼다. 썩은 새끼줄이니 다행히 죽진 않았
겠지만, 오죽했으면 죽으려 했겠는가.

이젠 시대가 바뀌어 오히려 며느리 시집살이가 생겨났고, 자
식이 에미애비를 버리거나 죽이는 말세가 돼 버렸다.

인 박이다

습관이 들어 끊을 수 없을 정도로 몸에 아주 배다.

담배에 인 박여서 하루에 세 갑이나 피운다.
아편쟁이가 눈깔사탕에 인 박였다.
커피에 인 박여서 하루에 너댓 잔씩 마신다.

인-꼬리(고리짝) 장사

생선을 담은 고리짝이나 함지를 머리에 이고 이 마을 저 마을 다니면서 파는 일.

생선 담은 함지를 머리에 이고, 이 마을 저 마을 다니면서 파는 여인네를 인꼬리 장사꾼이라고 한다. 대개 남편이 아파서 몸져 눕거나 남편과 사별한 뒤 인꼬리 장사로 아이들을 키워낸 억척스런 우리네 여인들이다.

인자막(이제막)

바로 이때. 바로 지금.

'인자막에 내내 함께 문상 가자고 히 놓고 식히꾹(식혜국) 변하
득기 인자는 안 가겠다고 히여, 어허 별사람 다 보겠네.'

인쮀

이리 줘.

한자 전용국인 중국은 약자를 양산하고, 주로 한자를 자기들
의 "가나"에 맞춰 사용하는 일본도 많은 한자의 약자를 만들어
쓰고 있다. 글자 한 자 말 한마디를 간소화하는 시대가 됐다.
이러한 추세인 중에 '저리 비껴'를 '치나', '이리 주어'를 '인줘'라
고 하는 우리 고장 사투리는 한발 앞장선 것이라고 보인다.

일을 사서 하다

안 해도 좋을 일을 일부러 하다.

들어도 못 들은 체, 보고도 못 본 체, 알고도 모른 체했으면 후환이 없었을 것을 괜히 끼어들어 말참견하여 물음막음(대질)당하고 봉변당하고 욕먹는 일이 있다. 이렇게 일을 사서 하는 경우가 있으니 공연히 나설 일은 아니다.

일태도 분식(一太分食)

콩 하나도 나눠 먹는다.

콩 한 개라도 나눠 먹는다고 했다. 눈깔사탕 한 개는 깨뜨려서, 막걸리 한 잔은 반 잔씩, 밥 한 사발은 반 사발씩, 나눠 먹어야 한다. 우리의 미풍양속이다.

'야, 일태도 분식이란다. 나도 좀 도라.'

입술에 침이나 바르고 거짓말하라

속이 빤히 들여다보이게 거짓말하는 사람에게,
그런 얕은 수작은 그만두라고 핀잔하는 말.

각종 선거를 치를 때면 입후보자들 대부분이 실현불가능한 일을 자기가 해준다고 장담 한다. 입술에 침이나 바르고 거짓말하면 애교라도 있고 청중들은 웃어 줄 것이다. 그들의 공약은(公約) 거의 공약(호約)으로 끝난다.

입은 비틀어져도 말은 바로 하라

어떠한 상황에서도 말은 언제나 바르게 해야 한다. 정직한 말을 하라.

입은 비틀어져도 말은 바로 해야 한다. 입이 비틀어졌다고 비틀어진 거짓말을 하지 말고 정직하게 바른말을 해야 한다.

입이 싸다

들은 말 따위를 진중하게 간직하지 아니하고 잘 떠벌리다.

말이란 할 말은 하고 안 할 말은 안 해야 하는데도, 여기서 들은 말 저기다 옮기고 저기서 들은 말 여기다 옮기는, 말 못 참는, 입이 싼 사람이 있다. 여인네 중에 이런 사람이 많다.

자반뒤집기

몹시 아플 때에, 몸을 엎치락뒤치락하는 짓.

김 자반은 재빠르게 앞뒤로 구워댄다. 이쪽으로 누웠다 저쪽으로 돌아누웠다 하는 병자의 고통을 비유하여 쓰이는 말이 '자반뒤집기'다.

'어쩌면 한숨도 못 잤구만이라우. 저놈이 어찌나 보채고 자반뒤집기하는지 꼭 죽는 줄 알았는디, 인자 잠들었구만이라우.'

자발떨다(자발맞다)

행동이 가볍고 참을성이 없음을 겉으로 나타내다.

자발떠는 사람은 얻어먹을 것도 못 얻어먹고 놀이를 갈 때는 따돌림 받는다. '자발떠는 귀신은 무랍(귀신에게 주는 밥)도 못 얻어먹는다.'고 한다. 자발떨지 말고 느긋하게 서로 어울려 화기애애하게 살아 보자.

자빠진 강아지 앙알대듯 헌다

맞고 자빠진 강아지가 짖어대듯이, 윗사람에게 원망하며 대드는 모습.

얻어맞은 강아지는 자빠진 채로 앙알댄다.
미운 놈 건드렸다간 자빠진 강아지는 약과다.
'이놈아 늬가 멋이간디 섶 들고 나서냐.'
이리저리 쫓아다니며 앙알거리고 못 살게 군다.
보고도 못 본 체, 듣고도 못 들은 체 했드라면 이런 곤욕을 당하지 않았을 것을.'

자빠진 김어 쉬어간다

뜻하지 않은 기회를 만나 자기가 하려고 하던 일을 이룬다는 말.

등짐(지게짐)을 하다 넘어졌다. 멀쩡한 지게를 멜빵도 당겨보고 꼬작대(작대기)도 요리조리 흔들어 보고 어디 부러진 곳은 없나 살피는 척하면서 한 식경 쉬어 버린다. 그야말로 자빠진 김에 쉬어가는 셈이다.

자주 찧는 떡방아도
손 넣을 틈은 있다

빠르게 떡방아를 찧을 때도 손을 넣어 뒤집을 틈은 있듯이,
아무리 바빠도 잠깐 짬은 낼 수 있다.

선달그믐날 부잣집에선 떡메질이 한창이다. 한 함지박 정도를
절구통에 넣어 남정네는 메질하고 떡메가 위로 올라갈 때마다
여인네는 잽싸게 떡 뭉치를 뒤집는다. 자주 찧는 떡방아도 손 넣
을 틈이 있다. 이렇게 잦은 메질에도 손을 넣을 틈이 있는데, 괜
스레 바쁘다 틈이 없다 하지 말라.

자지러지다

몹시 놀라 몸이 주춤하면서 움츠러들다.
비명이나 울음소리가 온몸에 짜릿한 느낌이 들 정도로 빠르고 잦게 들리다.

작업복을 입은 사내가 허름한 옷차림의 여인네를 복날 개 패
듯이 두들겨 패고 여인은 반죽음이 되어 자지러지는 비명을 질
러댔으나 20여 명의 구경꾼은 말리는 사람이 없었다. 강 건너
불구경하듯 하였다.

ㅈ

잔뜩하다

어떤 공간이 꽉 찰 정도로 많다.

과일의 속이 꽉 차 있을 때, 과육이 잔뜩하다고 한다. 저수지에 물이 꽉 차 있을 때도 물이 잔뜩하다고 하며, 허리띠를 조일 때도 잔뜩(꽉 차게) 조여 맨다고 한다.

'빚이 좀 있어야 살림살이가 잔뜩헌 것이어.' 하고 친정아버지가 딸에게 말한다.

이 말뜻은 빚을 갚기 위하여 온 가족이 단결하여 노력하니까, 오히려 살림이 늘어난다는 것.

잠 못 잔 것은 제사 지낸 폭 잡고

어떤 손해를 입었을 때 긍정적으로 생각하고 자신을 합리화하는 말.

'잠 못 잔 것은 제사 지낸 폭 잡고(셈 치고), 돈 잃은 것은 도적맞은 폭 잡세. 우리 해장이나 허러 가세.' 도박꾼들이 항용 쓰는 말이다.

잡드리(잡도리)

아주 요란스럽게 닦달하거나 족침.

'숙부님은 지금 무명 대사(大師)를 잡들이하고 있을 것입니다.
내일 국청(鞠廳)에 세우려면 만반의 준비가 필요하니까요.'

　　　　　　　　　- 조선일보 연재소설『사설정감록』의 한 구절.

'고놈만 잡드리허면 몇 놈이 와서 얼매나 외를 따간능가(따갔
는지) 알 수 있단 말이여.'

'그만 잡드리허시오. 가가(그애가) 무슨 죽을죄 지었능그라우.
그만 닦달하시오.'

ㅈ

장구 장구 노장구
이빨 빠진 노장구

이 빠진 아이를 이가 빠진 노인에 빗대 놀리는 노랫말.

강원도 지방에 전해지는 노래에 '앞니 빠진 노장구/삼 년 먹은 떡값 내라//앞니 빠진 노장구/삼 년 먹은 떡값 내라.'는 노래가 전해진다.

우리 고장에서도 이 빠진 아이를 놀릴 때, '장구 장구 노장구 이빨 빠진 노장구' 하며 놀렸다.

빗살이 성긴 얼기빗(얼레빗) 빗살 빠지듯, 늙은이의 이빨이 모두 빠져 보기 흉하다. 노장구란 아마 이가 빠지고 머리가 하얗게 센 늙은 장군에 빗대 늙은이를 가리키는 말일 것이다.

ㅈ

장마에 외꼭지는 더디나 떨어진다

장마에 오이 꼭지가 천천히 썩어 떨어지듯,
매사가 한창때를 지나면 쇠퇴하기 마련임을 이르는 말.

나 없인 너 못살고 너 없인 나 못산다. 철석같은 언약도 돈 떨어지면 일장춘몽이요, 문전성시를 이루었건만 권세 떨어지면 강아지 한 마리 얼씬거리지 않는다. '장마에 외꼭지는 더디나 떨어지듯', 모든 게 다 시들면 버림을 받기 마련이니, 염량세태(炎涼世態)란 이러한 것.

장어가 눈은 작아도
저 먹을 것은 다 찾아 먹는다

아무리 식견이 좁은 사람도 제 살길은 다 마련하고 있음을 비유적으로 이르는 말.

어리석고 귀먹고 고질병에 벙어리라도 대궐같은 호화로운 집에서 떵떵거리고 산다. '장어가 눈은 작아도 저 먹을 것은 다 찾아 먹는' 이치다. 그런가 하면 지혜롭고 똑똑해도 끼니 갈망도 못하는 사람이 있다.

저 작것(잡것)

점잖지 못한 사람을 애정과 친근함을 담아 속되게 이르는 말.

'저 작것이, 꼴싹에 머 안다고 씨왈거린대여. 그만 입 안 덮어?'

저육과 황육

돼지고기와 쇠고기.

돼지고기를 **저육(猪肉)** 쇠고기를 **황육(黃肉)**이라 하는데, 요즘엔 이렇게 말하는 사람을 보지 못하겠다. 한약방 할아버지가약을 지어 주면서 '계저주(돼지고기와 술을 금하라)'를 말하면 말뜻을 알아듣는 사람이 드물다.

적실하다

틀림이 없이 확실하다.

'길동이가 헌 말이 적실(的實)헌가 꼭 좀 알아보소. 그녀석 하도
엉뚱헝개 말이여.'.

전뎌보다(견뎌보다)

시련이나 고통을 참아 보다.

'내가 너한테 당허고 가만 있을 줄 아나? 이놈의 자식, 꼬투리
만 쟾이면(잡히면) 나한테 전뎌바라. 이놈아 죽어도 못 잊겄
다.'

절 받은 음식 안 먹는다

남의 제사상에 올린 음식을 귀신이 받았던 음식이라며 꺼리는 걸 이른다.

남의 집 제사상에 올렸던 음식은 안 먹는다. 귀신이 절 받은 음식이라 귀신이 달라붙어 있다며 안 먹는다.

초상집에 다녀온 사람은 거르막(대문 밖)에 짚이나 솔가리에 불을 지펴, 그걸 넘어와야 한다. 가족 중 아이 밴 여인이 있으면 개고기를 먹어서는 안 되고, 개 돼지 소같은 짐승 잡는 걸 봐서도 안 된다. 태어난 애기가 불구자 된다.

또 이렇게 부정한 짓을 저지른 사람은 선영의 제사 참여를 하지 못한다. 아이가 태어나면 일곱 이레(49일) 동안 인줄(금줄)을 쳐놓아 부정한 사람이나 상인(喪人)의 출입을 금한다.

한마을에서 혼사 치를 집이 겹치면 혼인 날짜 정한 날로부터 혼사 치를 때까지 양쪽 가족은 말을 하지 않는다. 고샅길에서 마주치기라도 하면 서로 못 본 체 고개를 돌린다.

가족 중에 아픈 사람이 있으면 먼저 당골어미를 불러 푸닥거리부터 한다. 이렇게 해야 약을 먹어도 효험을 본다고 했다.

새로 집을 지으면 새 성주 모신다 하며 3년 동안 조문을 안 다녔다.

느닷없이 입술이 새파래지고 온몸을 덜덜 떨면서 죽어간다.

'사람 죽어-. 얼른 액맥이 히주어.'

고래고래 소리를 지르고 야단법석을 떤다. 꽹가리 징 장고 등

굿물을 챙겨 남정네들이 모여든다. 마당 가운데에 거적을 깔고 환자를 뉘어 놓고 빠른 가락으로 농악을 울리고, 한 사람은 쇠시랑으로 거적에 누은 환자를 싸잡아 이리로 끌어오고 저쪽으로 끌고 가며 '이놈, 물러가라. 안 물러가면 이 쇠시랑으로 콱 찍어 죽인다.'

땅바닥도 찍어 대며 호령한다. 귀신이 겁을 먹고 도망쳤는지 신통하게도 환자가 소생하는 수도 있었다.

ㅈ

절로 터진 주둥이로

타고난 입으로 심한 말을 함부로 할 때 핀잔 주는 말.

'멋이라고 절로 터진 주둥패기로 씨워러 싼냐(떠들어 쌓느냐).
그만 주둥아리 덮어라, 듣기 싫다야아.'

절퍼덕

진창에서 맥없이 넘어지거나 아무렇거나 툭 주저앉는 소리를 나타내는 말.

비 내린 진흙땅은 사정없이 미끄럽다. 빈 몸으로도 넘어지기
쉽다. 지게를 짊어진 시아버지가 잠자리 잡듯 조심조심 가만
가만 더딘 걸음걸이로 앞서고, 며느리는 광주리를 이고 뒤를
따른다.
'야야, 여간 미끄럽지 않구나. 조심히서 오니라.'
채 말이 떨어지기가 바쁘게 시아버지 먼저 기우뚱하면서 절퍼
덕, 놀란 며느리마저 따라서 절퍼덕. 점삼거리는 흙장아찌가
되고 말았다. 집으로 되돌아가 시부모 점심거리 다시 챙겨야
한다. 이런 일은 가끔 있었다.

점직하다

부끄럽고 미안한 느낌이 있다.

'여보소, 행세 꽤나 허는 사람이 그게 먼 짓이여. 남들이 손까락질 헌단 말일세. 제-발 남 점직헌 짓 허지 말게나.'

접방살이(곁방살이)가 큰방살이 몰아낸다

곁방을 차지한 시앗이 큰방살이인 본처를 몰아낸다.

인물 좋고 얌전한 본처를 몰아내고 죽자살자 미쳐버린 화류계 여자를 안방에 들어 앉힌다. '접방살이가 큰방살이 몰아낸 것'이다.

초대 이대통령은 임정요인을 비롯한 독립투사는 뒷전으로 밀어내고 친일파를 등용했다.

정월에 대가 얼어서 튀고, 이월에 김칫독 깨지고

겨울이 길고 추위가 혹독한 기후에서 나온 말.

정월에 대나무가 얼어서 튀고, 이월에 김칫독 깨지고, 삼월에 선늙은이 얼어 죽는다고 한다. 물론 음력으로 하는 말이다.

우리나라 기후는 겨울이 가장 길고 봄은 언제 왔는가 싶게 여름철로 바뀐다. 해에 따라서는 음력 3월 중순께 추위에 떠는 때도 자주 있다. 물론 지금은 난방도 좋고 옷도 두툼해졌으니, 겨울을 나기가 한결 수월해졌다.

정죄하다

흉이나 잘못이 있는 것처럼 여기다.

놀이판에서 한떼의 젊은 여인네들이 흥에 겨워 노래 부르고 춤을 추는데, 먹다 둔 쑥떡처럼 한쪽에 쭈그리고 있는 여인이 있다.

'파산떡(파산댁) 노래 불고 춤 췄다고 누가 정죄헌당가. 아들을 못 여워, 딸을 못 여워, 인자 노인인디 뭐가 흥이 되어서 그려.' 춤판으로 끌고 간다.

제 똥 3년 안 먹으면 죽는다

소중한 거름인 오줌똥을 써서 기른 농작물을 먹어야 살 수 있다는 말.

똥오줌은 소중한 거름이었다. 그래서 '제 똥 3년 안 먹으면 죽는다.'고 했다. 당산나무 그늘에서 장기 두다가도 얼른 자기 집에 가서 똥을 눈다. 밭에서 일하다 누은 똥은 가랑잎에 싸 가지고 와서 똥소매황(똥오줌을 담아서 삭이는 통)에 넣는다.

추수가 끝난 늦가을 아침 개똥 오장치(삼태기)를 메고 고샅길이나 마을 근처 논밭에서 깨똥을 줍는다. 보리밭은 똥소매로 두 번 거름으로 주고, 막판에 금비(金肥. 돈 주고 산 화학비료)로 걸운다(기름지게 한다). 채소 밑거름은 똥소매이고, 고추밭은 똥소매 위주(爲主)다.

시내 비농가 상점에서 1년 동안 똥소매 퍼오는 대가로, 가을에 마른 고추 몇 근씩을 주는데 경쟁이 심해서 똥값이 올라갔다. 줄포초등학교와 중고등학교 변소에 자물쇠를 채우고 똥 퍼오기로 승낙을 얻었는데, 밤중에 자물쇠를 부수고 퍼가는 똥도둑을 막을 수 없어서 허탕 치고 말았다. 대문 밖에 콘크리트 대형 탱크를 만들어 저장해 놓은 똥소매를 도난당한 일까지 있었으니, 얼마나 소중한 똥이었으랴.

노름해서 돈 잃고도 다음 날 아침 개똥 줍는 사람은 살림 할 사람이라 했다. 이제는 개도 똥을 안 먹는 세상이 돼 버렸으니 격세지감이 든다. 돈 주고 샀던 똥 돈 주고 퍼내게 됐다.

ㅈ

제액(除厄, 액막음)

질병·고난·불행 등의 액을 미리 막기 위하여 행하는 민속의례.

우환(憂患)이 도적이다. 병자가 생기면 돈은 돈대로 들고 온 가족의 마음이 편치 못하다. 뜻하지 않은 재난(災難)을 당하여 재산과 생명을 잃는 수도 있다.

이러한 재앙을 막는 제액의 액(厄)막음으로, 음력 정월달에 경쟁이(경을 읽어주는 사람)를 불러 독경(讀經)을 하는 집이 많았다.

조상이 문 발로 섰다

어떤 위기나 어려움을 피했을 때, 조상이 문에 드린 발처럼 막아줬다고 한다.

일이 안 되면 조상 탓이란 말이 있으나, 위난(危難)을 피하게 되면 조상이 문 발로 서서 막아준 것이라 한다.

좀씨(좀생이)

좀스러운 사람. 또는 자질구레한 물건.

모든 농작물은 우량종자를 선택하고 가축도 마찬가지다. 불량 종자로 농작물을 망쳐 종묘회사와 농민 사이 분쟁이 심심찮게 일고 있다. 사람도 부모가 왜소(矮小)하면 대개 좀씨 자녀가 태어나는 수가 적지 않다. 더욱이 어머니가 좀씨면 좀씨 자녀가 태어나는 확률이 높다. 며느릿감 선보러 가는 아내에게 당부한다.

'조롱 박씨가 큰 박 되는 것 아닝개, 좀씨 같으먼 그만두어.'

종애가심

짓궂게 약 올리는 것을 종애곯린다 하고,
그렇게 당하는 사람을 종애가심이라 한다.

멍청한 사람을 고양이 쥐 놀리듯 골탕을 먹이고, 바가지를 씌우며 종애곯린다. 이런 종애를 당하는 사람을 가리키는 말이 '종애가심'이다.

죽살이치다

어떤 일에 죽을힘을 다해 애쓰다.

'성근이 종팔이허구 스니서(셋이서) 함평장서 소 두 마리씩 사
각고(사가지고) 밤새껏 팔십 리 길을 끌고 오니라고, 어찌나
죽살이쳤던지 꼼짝달싹 못 허겠다.'

죽은 놈 해원도 해주는데…

죽은 사람 억울함도 풀어주는데, 마땅히 산 사람 소원도 풀어줌을 이르는 말.

꾀복쟁이 친구들이 어울렸다.
'상준아, 우리는 죄다 낙철주식회사 사장(빈털털이) 되야 버렸
어야. 너 어저끼(어제) 되야지 판 돈 쬐꼼은 남었을 팅개 막걸
리 좀 사라.'
이구동성으로 집적거린다.
'오냐 이놈의 자식들, 죽은 놈 해원도 히줄란지라 산 놈 소원 못
풀어 주겠냐. 가자.'

죽을려는 놈 벼랑박(바람벽) 차기

죽을 지경에 이른 사람이 몸부림치며 벽을 차고 고통스러워하는 모습.

이 세상 마지막 하직하는 모습을 여러 번 봐왔지만, 한 사람의 하직 모습은 지금도 지워지지 않는다. 배는 장구통만큼 부어 오르고, 가쁜 숨을 몰아쉬며 벌떡 일어나 문짝을 차고 이리 뒹 굴고 저리 뒹굴며 벽력같은 소리도 질러대며 몸부림을 치며 고통스러워하는 모습은, 눈 뜨고는 볼 수 없고 필설로는 표현 할 수 없었다. 마지막에 벽을 쿵 두어 번 차고는 생을 마쳤다. 그 뒤로 최후의 발악을 가리켜 '죽을려는 놈 벼랑박 차기'라고 일 렀다.

죽이 끓는지 밥이 끓는지 모른다

일이 어떻게 되어 가는지 전혀 모르고 있음을 이르는 말.

동네에서 무슨 일이 일어났는지, 누가 뭘 하는지 도통 모른다. 무슨 말을 걸어 올 때 자기는 모르는 일이라고 대답하는 말이 다. 나는 '죽이 끓는지 밥이 끓는지 모른다.'고.

ㅈ

줄래

내 고향 줄포의 옛 이름.

거적 할아버지에 비단 자손이요, 비단 할아버지에 거적 자손이라 하고, 객지에 나가서 저의 집 가난하다 하는 사람 없다고 한다.

근래에 와서 돈푼이나 있는 사람 중에는 거적 할아버지를 비단 할아버지로 둔갑시켜 미화시키는 실례가 있어 빈축을 받는 일이 없지 않은 판국에, 어찌해서 내 고장을 추켜세우지는 못할망정 흉을 들춰낸다는 것이 내 본의는 아니다. 실추된 지난날의 불명예를 씻어 버리고 살기 좋은 줄포 선량한 줄포 면민이란 명예를 회복하는 일은 우리 모두의 책무라 여기기 때문이다.

줄포는 원래 건선면 '줄래'로 전해지고 있다. 1931. 7. 1. 건선면(乾先面)이 줄포면(茁浦面)으로 행정구역명칭변경 되었는데 '줄래'가 '줄포리'로 불려졌는지는 증언(證言)하는 사람이 없어 안타깝기만 하다.

추측건대 한일합방 이후 '출포'(풀쌌 출. 개 포)라 했고, 와전되어 '줄포'가 되지 않았을까 싶다. 특히 일본인은 '출' 발음이 없으므로 '줄'이라 하지 않았을까? 이것은 어디까지나 나의 억측일 뿐.

지금 면사무소 앞들, 속칭, 아브난들의 논을 매립한 일대의 휴

경지는, 갈대가 약간 있을 뿐 '줄'풀로 우거져 있음을 볼 때 '줄래'란 명칭에 일응(一應) 수긍이 간다.

포구의 인심은 거칠다. 포구 사람들을 '생고기 떼 따먹는 놈들'이라 했고, 마치 소 돼지 떼 따는 백정에 비유했다. '줄래 놈', '홍덕 사람', '사포 양반'이라 했으니, 그 무렵의 줄래 인심을 짐작하고도 남음이 있다.

중치가 막히다

어이가 없거나 기가 차서 말문이 막히다.

뭇사람이 도둑으로 몰아댄다. 변명을 해봤자 소용없다. 중치가 막혀서 아무 말도 못한다. 후일 진범이 나타나서 누명을 벗는다. 이와 같은 유사한 일이 있기 마련이다.

쥐 죽은 듯 조용하다

매우 조용한 상태를 비유적으로 이르는 말.

흔히 쓰이는 이 말뜻을 제대로 아는 사람은 흔치 않을 것으로 여겨진다. 앞으로도 많이 쓰일 것으로 믿고 사족(蛇足)을 달아 본다.

잠자는 간난애기 손등을 물어뜯는 일도 있었고, 쥐 잡다 물린 손가락을 절단하는 일도 있었다. 목조 초가지붕 농촌 주택은 쥐의 서식처로 안성맞춤이었고, 더구나 토담집은 무수히 뚫린 쥐구멍이 토치카의 총구(銃口)와 같았다. 진흙으로 막아 봤자 밤사이 다시 구멍을 뚫어버려서 아예 방치하였다.

밤이 되면 완연 쥐떼 세상으로 변했다. 우루루 퉁퉁 몰려드는 쥐떼의 요란한 소리는 고함을 지르는 소리와도 흡사하고, 찍 찍 쫙쫙 북북 복복 가지각색의 소리를 내어 음악 연주회를 연상케 하고, 무논에 개구리 소리만큼이나 시끌덤벙했다.

골방문을 벼락치듯 쾅 열고 냅다 소리치면 잠시 잠잠해지고, 문구멍으로 빠져나가는 놈이 있는가 하면, 귀퉁이에 들러붙어 꼼짝도 않는다. 얼마 안 있어 또다시 몰려든다. 쥐란 놈 여간 간악스러운 게 아니다. 봉창 구멍으로 대가리를 뺐다가 집어넣고 다시 같은 동작을 하다가 툭 방안으로 뛰어든다.

빗자루 빨래방망이는 물론 다급해서 걸레 조각도 들고 토벌작전을 벌이는데, 아랫목으로 날쌔게 도망치다가 번개처럼 윗목으로 달아나고, 다급하면 횃대에 뛰어오르기도 하고 쫓고 쫓는 전투 끝에 요행수로 잡는 수도 있으나 대개 놓쳐 버린다.

한 사람은 밖에서 서숙포대(조를 담는 포대)를 쥐구멍에 대고 안에서 몰아내면 툭 하고 문에 생구멍을 뚫고 도망친다. 어쩌다가 포대 속으로 들어가면 땅바닥에 내려쳐서 잡기도 하는데, 포대 아가리에 찰싹 붙어 있다가 벌리는 순간 손가락을 물어뜯고 도망친다.

그 무렵 일본말로 '네꼬이라스(고양이 필요없다)'라는 5전짜리 쥐약이 있었는데, 냄새가 지독스럽게 고약하고 어둠 속에서는 파아랗게 빛을 냈다. 약을 버무려 종이로 덮어 놓는데, 원체 방정맞은 놈이나 맛을 보다 죽기도 하지만, 이 약으론 퇴치할 뾰쪽한 수가 없었다.

고양이도 기하학적으로 번식하는 쥐떼에는 별무소용(別無所用)이었다. 아예 쥐와 사람은 공존공생(共存共生)의 운명체라고 체념하는 수밖에 없었다. 만약에 천지조화로 일시에 쥐떼가 사라진다면 얼마나 조용하겠는가. 청천벽력이 뚝 끝지는 것 같을 것이다. 그야말로 '쥐 죽은 듯 조용하다.'는 말을 실감할 것이다.

쥐가 뿔뿔 긴다

아주 간사하고 약아빠진 사람의 행태를 속되게 이르는 말.

소를 방정맞게 생겼다고 할 사람은 없을게고, 참새가 점잖게 생겼다거나 쥐가 후덕스럽게 생겼다고 할 사람은 없으리라. 아주 간사하고 약아빠진 사람을 '쥐새끼 같은 놈, 쥐가 뿔뿔 긴다'고 욕한다.

지나가는 까마귀도 불러댄다

사람과 어울려 먹고 놀기 좋아해서 지나가는 사람 아무나 부른다.

사람 좋은 박생원, 술대접 잘하기로 이름나 있었다. 주재소(일제강점기 파출소) 순사 일본인 소방대장이며 행세깨나 하는 사람이 찾으면 닭 잡고 솜씨 있게 차린 교자상을 두드리며 시간 가는 줄 모르고 술잔치를 벌인다. 이런 술잔치를 한 달이면 한두 번씩 월례행사처럼 벌이는 것이었다.

물려 받은 조업지기(유산)는 꽃감 빼먹듯 줄어들었다. 동네에다 점방을 차리고 일가 뿌시러기 두 사람을 두었는데, 남는 것은 없고 새는 독에 물 붓기다.

잡패기(건달패) 몇이서 점방을 찾는다. 난쟁이 골마리 추듯 감칠맛 있게 추켜세우면 입이 함박만큼 벌어져서 어쩔 줄 모르고 좋아한다. 술대접한답시고 손님을 취하게 만든다. 이때가 바로 돈 내버리는 시간이다.

'어- 술맛 좋다. 자네들 술만 얻어먹어서 쓰겠능가. 내가 한 잔 내지.'

'술 가져 오너라, 안주도 나수(많이) 가져오고.'

귀동냥으로 들은 토막노래 홍얼대며 이 사람 저 사람 불러대고, 지나가는 까마귀라도 불러서 무한정 술을 먹인다. 막걸리 두어 되 내고 아구박(아가리)에서 찌겅이(술지게미) 나오도록 공술을 얻어먹으니, 새우로 도미 낚는 게 아니라 고래 낚는 격이다. 주인이 이러하니 점원은 어쩌랴. 세상 사람들이 부르기를 '박구리(박 멍텅구리)'라 했다.

ㅈ

지덕거리다(지드럭거리다)

매우 귀찮을 정도로 자꾸 성가시게 굴다.

'혈 말 없으면 나 잡아먹고 피똥 싸란다더니 왜 나헌티 지덕거리냐.'
'늬가 그 논 비쌍개 사지 말라고 히서 안 샀는듸 상렬이가 후닥닥 사버리지 안힛느냐.' '이놈아 늬가 꼭 사고 싶으면 살 일이지 언지는 내 말 듣고 사는 놈이냐. 내가 죽으라면 너 죽을래.' 그렇다 결정권은 제게 있는 것이지. 남에게 지덕거릴 일이 아니다.

지랄허고 자빠졌네

말이나 행동을 변덕스럽거나 가볍고 방정맞게 하다.

남의 변덕스런 행동을 얕잡아 '지랄허고 자빠졌네'라고 한다. 지랄병은 불치병으로 알려진다. 느닷없이 괴성(怪聲)을 지르며 두 눈깔을 뒤집어 까고 게거품을 내면서 앞으로 꼬꾸라진다. 흔히 농담으로 쓰이는 말이긴 해도 지나치다.

남의 노래에 따라 중얼거리다가도 너 한번 노래 뽑으라 하면 입을 봉하고 만다.

'허든 지랄도 방석(멍석) 피어 주면(펴 주면) 안 헌다드니….'라며 농담한다.

지름(기름)먹은 종이에 적어 놓소

잘 적어 보관해 놓다

'강고리 양반 또 외상이오?'
'이 사람아 걱정 말소. 저 돈 열댓 냥 들어오면 외상 술값 싸아
악 갚을팅개(갚을 테니까), 지름 먹은 종이에 적어나 두소.'
기름먹인 종이에 적어두면 퇴색할 것인가 좀이 칠 것인가. 막
걸리값 무한량(無限量)이렸다. 저 돈이라니 하늘에서 떨어지
며 땅에서 솟아날 건가. 받아내기가 쉽지 않겠다.

지악스럽다

보기에 악착스럽게 일을 하는 데가 있다.

약도 지악스럽게 먹어야 병이 낫는다고 한다. 공부도 지악스럽
게 해야 한다.

진탕치다

마구 헤치고 어지럽히다

'이쁜이 아부지 우리 고구마밭이(에) 좀 가바요(가봐요). 양식
이네 소가 뛰어들어 고구마순을 맷방석 너댓 널비나(넓이나)
뜯어 먹고 막 발버(밟아) 대고 똥을 무데기로 싸 놓고 막 진탕
쳤당개라우.'

질래

끝내, 끝끝내

'지가 질래- 잘힛다고 고집 부리면 헐 수 없지. 나도 나 허고 싶
은 대로 히야지. 이놈 생똥 싸게 맨들어야 겄어. 두고 보라지
….'

짐배가 짐 마다고 허겄냐

본디 좋아하는 것을 짐짓 싫다고 거절할 때 이를 비꼬는 말

짐배(화물선)가 짐 마다고(싫다고) 허겄냐, 말이 콩 마다고 허겄냐, 그 일 되게 허자. 막걸리 추름(추렴)에 저녁 굶은 놈이 먼저 손 든다고, 쌈지 속에 노랑돈 한 잎 없는 놈이 줄래(줄포의 옛 이름)에 협률사(판소리, 창극 및 각종 가무(歌舞)와 곡예, 경극(京劇) 등을 공연하는 놀이패) 왔단다 구경가자 하면, 나도 함께 가자. 사월 초파일 관등불 보러가자 하면 나도 한 축 들겠다고 설친다. 괜히 좋으면서 그러네.

ㅈ

집어뜯는 소리

비위가 상하게 비틀어서 하는 말. 꼬집는 말.

시어미한테 한바탕 당하고 난 며느리 화풀이할 데 없으니, 애매하게 말 못하는 어린 자식 볼기를 집어뜯는다. 자지러진 울음소리. 남의 비위를 건드릴 때 흔히 쓰이는데…

'야 너 죽을 때 늘(관) 속에 돈 느각고(넣어가지고) 갈래? 왜 그리 인정머리라곤 포리(파리) 발만치도 없냐?'.

'내가 먼 돈 있다냐 집어뜯는 소리 그만히라.'

'멋이여 논 50마지기에 서울 가서 아파트 한 채 있고, 줄잡아도 10억 재산이 넘는 놈이 디지는 소리 허고 자빠졌네. 그나저나 어르신네(자기 자신을 가리켜) 촐촐허다 술이나 한잔 받어도라.'

'어따 그녀석 사람 드럽게 볶아먹네. 오냐 가자. 돌란 놈헌티는 못 히봉개. 술 받으라먼 좋게 받으라고 허지 그렇게 집어뜯는 소리는 허지 마리 잉.'

집적거리다

말이나 행동으로 자꾸 남을 건드려 성가시게 하다.

십벌지목(十伐之木)이라 한다. 열 번 찍어 안 넘어가는 나무 없다는 뜻이다. 노름꾼 친구가 집적거리면 노름방에 가게 되고, 술꾼 친구가 잡적거리면 술판 벌리기 마련이다.

짓널기다(짓널히다)

마구 흔들고 잡아당겨 정신이 없다. 혼이 빠지다.

만술이는 일본 대판으로 징용에 끌려가서 끊임없는 공습에 노가다판으로 도망쳐 비행장 터닦이 작업장에서 노가다 생활을 했다. 함재기(艦載機. 군함에 실린, 일명 '쌕쌕이'로 불리는 조그맣고 아주 빠른 비행기) 두 대가 번개처럼 날아 기총소사를 하는데 10여 명이 삼대 쓰러지듯 꼬꾸라지고 정신을 차려보니 자기와 또 한 사람만 살아남았다.

'그날 일을 생각허면 간이 벌렁벌렁 떨리고 짓널키네.'

술자리가 벌어질 때면

'지금도 생각허면 짓널킨당개.'라며 그때의 정황을 늘어놓는다.

짓다

기회를 만들거나 이루다.

'삼돌이 머슴살이 한 해 더 안 해볼랑가. 내가 존 자리 짓고 해 줄게.'

짜구나다

배가 터질 듯이 많이 먹어 탈이 나다.

'야 이놈아, 에지간치(웬만큼) 퍼먹어라 짜구나겠다.'
흔히 쓰이던 말인데 '짜구'는 '자귀'다. 자귀는 개나 돼지에 생기는 병으로, 흔히 너무 많이 먹어서 생기는데, 배가 붓고 발목이 굽으면서 일어서지 못한다고 한다. 너무 많이 먹어 자귀 걸린 개나 돼지처럼 될까 봐 걱정하는 것이다.

짜시레기(짜시리, 자투리)

어떤 기준에 미치지 못할 정도로 작거나 적은 조각.

바지나 저고리 따위 옷을 만들고 나면 짜시레기 헝겊 쪼가리가
생긴다. 소중히 간직했다가 떨어진 헌 옷을 깁는 데 쓴다.

짜잔하다

성품이나 자질, 능력 따위가 일반적인 경우에 비해 많이 부족하다.

짜잔한 것이 짜게 먹고, 매끄럽지 못한 것이 맵게 먹는다. 운을
맞춰 대구를 이루도록 만든 말이다.

ㅈ

째비(잽이)

잽이. 무엇을 할 만한 사람이나 대상을 나타내는 말.

이러이러한 일 자네가 좀 해달라 하면
'형님 내가 그런 '째비'가 되능그라우, 하아다(요행히) 내가 그
런 '째비'만 된다면야 이런 고상(고생)허고 살겄능그라우. 밥이
안 아프당개(아프다고 하니까) 까몰라(깨물러) 먹는 것이지라
우. 그저 밥 먹고 똥 쌀 줄배낀(밖에) 몰으는 놈 아닝그라우.'

쪽지게 진 놈이 무섭다

달랑 작은 쪽지게밖에 가진 게 없는 사람은 잃을 게 없으니 막무가내다.

똑똑하고 잘난 놈이 무서운 게 아니다. 가족이나 친척이 있는
것도 아니며 무시무 뚱걸처럼 둥그러 다니는 혈혈단신이요 가
진 것은 쪽지게 하나뿐이다. 이런 사람이 어찌 앞뒤를 가릴 것
인가. 그러니 '쪽지게 진 놈이 무섭다'고 하는 것이다.

쬐아보지도 못하다

상대에게 몸을 드러내지 못하다. 얼씬거리지 못하다.

매형은 큰 부자였다. 의지할 곳 없는 처남 놈이 달라붙어 사는데 게으르기 둘째 가라면 서럽고, 날이면 날마다 술집과 노름판으로 쫓아다닌다.

매형 눈밖에 나서 그 앞에는 쬐아보지도 못하고 골방에서 밥 한술 떠먹고는 노름판으로 줄달음친다.

찔끔찔끔

아주 조금씩

돈푼이나 양식이나 찔끔찔끔 주어 봤자 '시리(시루)에 물주기'로 생색도 나지 않고 받는 쪽에도 큰 도움이 되지 않고, 도리어 의타심만 조장하는 결과가 되고 만다.

농작물도 찔끔찔끔 물을 주면(주면) 도리어 가뭄을 더 탄다.

찬물도 위아래가 있다

하찮은 찬물을 마시는 데에도 윗사람과 아랫사람의 순서가 있다는 뜻으로,
윗사람을 공경해야 함을 비유적으로 이르는 말

'찬물도 위아래가 있다'고 한다. 숭늉은 차치하고 비록 찬물냉수
일지라도 연장자가 마시고 남긴 물을 마신다. (제기랄 목마른
내가 먼저 마셔야지.)

스승의 그림자도 밟지 않는다. (학생이 선생 치고 대학총장 삭
발하는 세상인데.)

부모 말씀은 죽는시늉이라도 한다. (교수가 애비 죽이고 어린
중학생이 꾸중하는 에미 죽이는 세상인데.)

늙은이가 보다 못해 나무란다. (당신이 먼데 이래라 저래라 간
섭이여. 낫살이나 먹었으면 가만있을 일이지.)

잠뱅이 입었응개 어쩌란기여. 배꼽 내놓고 다닌다고 내가 시
집 못 갈까 걱정이여? 걱정도 팔자야. 별의 별꼴이야. 남자는
대가리부터 발끝까지 철갑을 두르고 여자는 활딱 벗고 해수욕
복 차림으로 거리를 활보해야지.

세상 구석구석 썩었다. 모두 정신병 환자로 변해가는 조짐일
까.

찬찬하다(차분하다, 묵직하다)

꼼꼼하고 차분하다.

허우대가 그럴듯하고 얼굴은 두툼하면서 복스럽게 생겼으며, 너그러운 마음씨에 행동거지가 찬찬하며 일의 경중과 완급을 헤아려 지혜롭게 처리하고, 부모에게 효성스러우며 동기간에 우애 깊은 이런 처녀는 부잣집 맏며느릿감으로 평판이 자자했다. 이런 며느릿감은 흔치 않았다.

참 울음 거짓 울음

진실한 울음과 거짓된 울음

상여가 정들었던 집을 하직하고 고샅길로 나가려는데 상여를 붙잡고, 노래인지 울음인지 고래고래 소리 지르며 말리는 사람 손을 뿌리치고 힘껏 울어 젖힌다. 자빠지고 넘어져도 끈질지게 상여를 다시 붙들고 울어 댄다. 이 딸의 광태(狂態)로 출상(出喪)만 늦어진다.

그로부터 채 보름도 못 되는 어느 날 유두분면(油頭粉面, 기름 바른 머리와 분 바른 얼굴)으로 히히덕거리는 그 출천지 효녀(하늘이 낸 효녀)를 목격하고 아연실색하였다.

이따위 울음은 참 울음이 아니고 거짓 울음이다. 땅이 깨지고 하늘이 무너지는 슬픔을 당한 상가에서, 어찌 고함 지르는 울음소리가 새어 나오겠는가.

ㅊ

참말이면 꼬리도 없어?

진실한 말과 타는 말을 빗댄 말장난.

거짓말을 일삼는 사람은 어쩌다 한 참말[眞言]도 믿어 주질 않는다.

'아니여 이건 참말잉개 꼭 믿어야 히여' '이놈아 참 말[馬]이면 꼬리도 없어?'

이래서 장부일언중천금(丈夫一言 重千金)이라 했던가.

참외 3년 기르면 사촌도 몰라본다

농가에서 돈 되는 작물을 기르다 보면, 야박한 장사꾼 근성이 생긴다.

참외는 농가에서 유일한 환금작물(換金作物)이었다. 몇 년 길러 재미를 보면, 자기도 모르게 야박한 장사꾼 근성이 생긴다. 그래서 참외 3년 기르면 사촌도 몰라본다고 한다.

창아리(소갈머리) 없는 놈

생각이나 줏대가 없는 사람을 빗댄 말.

'에이 창아리 없는 놈. 엊저녁 내 되아지(돼지) 멕(멱) 따는 소리 질러대고 벼랑박(바람벽)을 막 차고 야단 지랄 다 헌 놈이 눈꼽(눈꼽)도 안 떨어저 또 술병 챙기냐. 창시가 욕허겄다.'

'이놈아 지발 술 좀 쬐꼼씩만 먹어라. 내가 너땜시 말라 죽겄어야. 에미 디지면 잔소리 안듣고 속이 시워언하겄지야. 창아리 없는 놈의 자식.'

닮으란 것은 안 닮고 한평상(평생동안) 술만 퍼먹다 디진 애비 놈 대물림 허기냐?

아이구 내 팔짜야.

ㅊ

채 잡는다

주도적인 역할을 하거나 주도권을 잡고 조종하다.

'동생덜 오란 것은 다른 게 아니어. 있는 사람은 혼자서도 선산에 석물을 훌륭하게 세우는디, 우리 5형제는 상석 하나 못 놓웅개 자손의 도리가 아니란 말여. 내가 채 잡을랑개 동생들 협력히야 히어.'

'어찌 맘이야 없겠능그라우. 모다 가난해 빠져 농개 못 허는 것이지라우.'

'가만 있어. 내가 채 잡을 것이어. 나락 슥 섬 값(三石 = 600근) 내 놀깨, 자네들이 한섬 값씩만 내봐. 할아버지 내외분허고 아버지 내외분 히서 네 간디 묘소에 쓸만헌 걸로 상석 하나씩 놓세.'

'성님도 넉넉지 못헌디 저그들은 성님 볼 낯짝이 없어라우.'

'아니여 우리 모다 죽 좀 더 쑤어 먹세.'

천신(薦新)하다

철을 따라 새로 난 과실이나 농산물을 신(神)에게
먼저 올림. 차례가 되어 겨우 얻음.

박생원네 환갑잔치에 늦게사 가닝개 찹쌀 약주 허고 쇠고기는
떨어지고 없드라고. 복알머리('복'을 속되게 이르는 말) 없는
놈이 천신헐 것잉가(차례가 올 것인가)?

만날 구구자(구기자) 잎새기다가 쑥 허고 고구매 잎새기만 섞
어서 먹웅개(담배 말아 피우니) 솔곳이 '미도리'(대중용인 5전
짜리 담배, 미도리는 일본말) 한번 먹었으먼(피웠으면) 원이
없겠드란 말일세. 담뱃집에 가서 줄을 섰는디 여섯 사람인가
천신허고(차례가 가고) 말었어.
'마코'(10전 짜리 고급 담배. 마코는 일본말)만 다섯 각(갑) 남
었다고 히서 허탕 첬단 말이여. 장터 밑이서 자고 쫓아가도 천
신 못허겄데(차례가 오기 힘들겠데).

순사(경찰관)는 "미도리", 농토생이(농투성이)는 "마코"라는 우
스갯소리가 유행했었다. 일제 말기 배급제 시절의 이야기이다.

천은(天銀)같은 돈 주고 샀다.

품질이 좋은 은처럼 아주 귀한 돈으로 물건을 사다.

보통학교(초등학교) 한 달 수업료는 30전, 농촌 하루 품삯은 15전이던 시절. 쌈지 속에 50전짜리 은화(銀貨) 한 잎 들어 있으면 부자 기운이 솟아났고, 단돈 5전도 황금 같은 돈이었다. 망설이고 망설인 끝에 큰맘 먹고 2전짜리 명태 두 마리를 샀다. 반색하며 받은 아내는 한 마리를 항아리에 넣는다. 애들은 입맛을 쩍쩍 다신다. '여바(봐) 나머지 놈도 같이 끓여 식구가 몇이라고.' 물을 원 없이 퍼붓고 끓여 온 가족이 포식한다. 후루룩후루룩 잘도 마셔댄다.

'야들아 천은 같은 돈 주고 샀다. 실컷 먹어라.' 복쟁이 헛배부르듯 배꼽이 튀어 나올지경이다.

ㅊ

촌놈 발길이 더 무섭다

무식하게 덤비는 시골 사람이 더 무섭다.

촌놈 발길이 더 무섭다. 앞뒤 가릴 것 없고, 체면이고 사리 판단 따위가 멋 말라 죽은 것이냐. 저돌적(猪突的)으로 나온다. 발바닥에 기름 바르면 그만이다. (발바닥에 기름 바른다는 말은 윤활유를 친 기계가 잘 돌아가듯이 마구 도망친다는 은유적인 표현)

촐랑거리다

매우 가볍고 방정맞게 자꾸 까불다.

때와 장소 가리지 않고 방정맞게스리 이치에 당치도 않는 쓸데없는 소리 분간 없이 씨부렁대고 궁둥이(엉덩이) 가만 못 붙이고 이리 기웃 저리 기웃 부물간섭한다(간섭 안 하는 곳이 없다).
이렇게 나잇값도 못하고 **촐랑거리는** 남정네의 경우 '촐랑쇠', 여인네를 '촐랑새'라 한다.

추름새(추렴새)

모임이나 놀이, 잔치 따위의 비용을 마련하기 위해서 거두는 돈이나 물건.

무슨 모임이나 행사의 비용으로 돈을 얼마씩 거두어 내는 것을 추렴이라 하고 그 돈을 추렴새라 하는데 이 고장에선 추름, 추름새라 한다. 아무개 아버지 세상 떠났으니 대동계 추름새 2만 원 내라. 며칠날 곗날의 추름새 얼마 챙겨라. 얼마씩 추름해서 고샅길 고치자. 어데 하루 놀러가자, 누구네 문병가자, 모두 추름새가 따른다. 술추름도 있고 추름새로 돼지를 잡아 나눠 먹기도 한다.

우리 마을에서는 금년 구정 때 걸립으로 거둔 비용으로 어버이날 뜻깊은 부락잔치를 성대히 거행하였다. 상부상조 인보상조 친목도모 등의 추름새는 농촌만이 간직하는 미풍양속이다. 어느 때인가 이 아름다운 풍속이 자취를 감출는지 장담할 수 없다.

* 걸립 : 단골(무당)이 대개 3년에 한 번씩 갖는 행사인데 각처에서 이름난 농악꾼, 소리꾼, 줄타기꾼, 갖가지 재주꾼을 모아 영업 구역 내의 가가호호를 빠짐없이 돌면서 금품을 거두었다. 부잣집선 온종일도 모자라 밤중까지 놀아나는데 농악꾼은 마당에서, 부엌에서, 뒤안, 샘에서 신나게 농악을 울리고 피리 젓대 풍악 소리며 땅재주 넘고 줄을 타고 소리꾼은 명창을 뽑으며 온통 축제 분위기에 휩싸였다.

남녀노소 꽉 메워 입추의 여지가 없었다. 어른들은 술밥에 꼬마들은 떡을 배불리 얻어먹는다.

돈 주고도 이런 구경거리는 영영 못 보게 됐다. 마을에서도 걸립으로 거둔 금품으로 정월 보름날 줄다리기 비용으로 썼다. 줄다리기 행사도 자취를 감추었다. 그때의 흥취는 한낱 추억거리일 뿐이다.

치나다

원래 있던 곳에서 다른 곳으로 옮기다. 비키다. 치우다.

코흘리개 눈에는 모든 것이 신기하게만 비친다. 뒷동산에서 아름드리 소나무를 벤다. 웃통을 벗어부치고 톱질하는 모습도 볼만한 구경거리였지만, 소나무가 피이잉 살짝 돌면서 쿵 넘어지는 광경은 얼마나 신기했던가.

'이놈들아 싸그싸그(빨리빨리) 저어리(저만큼) 치나(비켜). 이놈 맞으먼 염라대왕이 늬 하내비라도(할아버지라도) 디진다.'

산이 찌렁찌렁 울리는 큰소리를 친다. 코흘리개들은 저만치

도망처 재미있게 구경한다.

당산나무 아래서 들독(들었다 놓았다 하는 큰 돌) 들기를 한다. 동그란 들독(당산나무 아래는 반드시 들독이 있었다)을 무릎까지 올리는 사람, 배꼽 언저리까지 올리는 사람, 힘 한 번써 무릎까지 올리고 또 한 번 힘써 배꼽 언저리까지 올리고 나서 벽력같은 소리를 지르는 찰나, 머리 위로 번쩍 들어 올려 당산나무를 두세 번 돌고 저 건너에 휙 내던진다. 장관 또 장관. 모두 함성을 지르고 손뼉을 친다.

'너그들 저어리 치나. 가참게(가깝게) 있다가는 죽는다.'는 주의에 저만치서 숨을 죽이고 구경한다.

제삿날이나 명절 때면 지지고 볶는 냄새가 코를 찌르고 회가 동한다. (있는 집의 경우). 어슬렁어슬렁 코흘리개 동무들이 꼬여 든다. 생선가게 파리 들끓듯 한다.

'이놈들 이리 와'

후덕스런 그 집 어머니 떡 한 쪼각, 부침개 하나씩을 준다. 애들은 기름 먹은 강생이(강아지)처럼 또 뽀짝거린다(가까이 다가든다).

'이놈들 치나.'

회초리를 휘드르며 쫓는 시늉을 하면서도 떡 한 쪼가리씩 나눠 준다. 아一, 그때의 꿀떡 같은 떡맛, 짜르르 창자속으로 넘어가던 부침개의 맛. 이젠 어데 가서 찾아볼꼬 ….

ㅊ

친손주는 걸리고
외손주는 업고 간다

시집 보내고 자주 볼 수 없는 딸에 대한 애틋한 사랑이 담긴 속담.

친손주는 걸리고 외손주는 업고 가면서 외손주에게
'야야 업은 놈 발 시리겠다. 어서 가자.'
시집 보내고 자주 볼 수 없는 딸에 대한 애틋한 사랑이 담긴 속
담이다.
그렇지만 "외손주 이뻐허느니 경상도 방앳고(방아깨비)를 이
뻐허는 게 낫다."라는 말도 있다.
외손주는 예뻐해 줘도 장성했을 때 친손주에 비해 할머니를
방문하는 횟수도 적어 큰 보람을 느끼지 못하기에, 차라리 방
아깨비를 가지고 장난치며 노는 것이 더 낫다고 하는 뜻이라
한다.
물론 요즘의 핵가족 시대엔 친손자나 외손자 구분이 없는 게
당연한 일이겠다.

칠월에 들어간 머심
쥔 마누래 속곳 걱정헌다

주제넘게 남의 일에 참견하는 것을 비판하는 말.

주인이 알아서 할 일이고 걱정을 해도 주인 몫인데, 칠월에 들어온 머슴이 주인 마누래 속곳 걱정하는 것은, 머슴 놈이 주제넘게 걱정하고 참견할 일이 아니다. 괜히 남의 집 제사상에 '감 놔라 배 놓아라' 하는 꼴.

ㅊ

콩밥 쉽게 먹는 놈
똥 쌀 때 알아본다

일부러 어물거려 남을 슬쩍 속여넘겨도 결국 드러나게 마련이라는 뜻.

콩밥 쉽게 먹는 놈 똥 쌀 때 알아본다고 한다. 콩밥은 잘 씹어 먹어도 배설물에 통으로 또는 조각으로 섞여 나오기 일쑤다. 미친년 널뛰기로 얼렁뚱땅 해치울 때를 빗대서 쓰는 말이다. 주변에 졸속이나 부실이 낳은 피해가 오죽한가.

콩이야 팥이야 하다

서로 비슷한 것을 가지고 이렇다저렇다 시비를 다툰다는 것을 이르는 말.

이건 콩이다 아니다 그건 팥이다 하며, 제가 옳다고 우김질하며 타협할 줄 모른다. 한 발씩 물러서서 양보하면 별일이 아닐 텐데도 말이다.

타박(핀잔)

남의 허물이나 결함을 잡아 나무라거나 핀잔을 함.

자기 집에서 굶지 않는 사람은 밥이면 밥, 죽이면 죽 맛있게 먹고, 소주든 막걸리든 가리지 않고 마신다. 이와는 대조적으로 자기 집에서 굶기를 부잣집 개 밥먹듯 하는 자는 음식 타박을 도맡아 한다.

일하는 품이 밥 주고 수저 뺏듯 하는 주제에 삯 타박한다는 말이 있다. 들밥을 줄 수 없을 정도로 일도 제대로 못 하는 주제에 품삯이 적다고 핀잔하는 사람을 빗댄 말이다.

터덕거리다

몹시 지친 걸음으로 힘없이 아주 느릿느릿 자꾸 걷다.

노총각 결혼이 터덕거린다. 대학을 나왔지만 취직이 안 되고, 취직 해도 입사 동기생은 승진하는데 자기만 제자리다. 그런가 하면 장마가 계속되어, 공사가 지지부진(遲遲不進) 터덕거린다.

턱도 없는 소리

근거가 없거나 이치에 맞지 않는 말. 가당찮은 말.

'창수 아버지 오늘 이놈 닷 마지기(1,000평) '모' 다 심것능그라우.'

'턱도 없는 소리 허지 마. 하나는 볏모 묶은 단을 일정하게 나누어주는 모쟁이가 히야지, 또 둘이는 모심다 빠져서 못자리 파야지. 그렁개 암만히도 말가웃지기(300평)는 남껏구만(남겠구만).'

'창수 아부지 …. 내일이 꿩일잉개(공일 = 일요일), 창근이 창열이 창수랑 같이 식구들 끼리 심읍시다.'

'그려어. 우리는 새벽새벽부터 나오고 이뿐이 보고 밥히서 저그들 먹고 올 때 우리밥 내가지고 오라고 일러. 막걸리도 한 병 갖고 오라고.'

뚝가리보다 장맛이 낫다

겉모양은 보잘것없지만 내용은 훌륭하다.

신언서판(身言書判)은 인물 평가 기준으로 삼았으니, 당대(唐代)에 관리 등용의 표준으로 체모(体貌) 언사(言辭) 서법(書法) 문리(文理)의 네 가지 조건을 내세웠다.

이는 흔히 남자가 갖추어야 할 의용(儀容) 언론(言論) 문필(文筆) 판단(判斷)의 네 가지 조건으로 쓰이고 있다. 그러나 첫인상에 사람의 됨됨이가 시원찮던 사람이, 사귀면 사귈수록 폭이 넓고 그릇이 큼을 아는 일도 있다. 뚝가리보다 장맛이 낫듯이 사람은 겉모습보다 그 사람 됨됨이인 속사람을 보아야 함을 말해 준다.

퉁생이 맞다

야단 맞다.

잘해도 퉁생이. 사사건건 퉁생이.

당하는 쪽은 인내심의 한계를 넘어 원한이 쌓인다, 퉁생이 맞는 게 쌓이다 보면 가까운 친척끼리 한평생 담을 쌓는 일도 있다.

E

패 잡는다

노름판에서 물주가 되듯이, 어떤 일에서 물주가 되어 음식값을 내는 일.

일당 몇 놈이 도적질 행차한다. 내가 책임진다. 나 하라는 대로만 하라. 도적놈 패 잡는다.

허리끈 풀고 실컷 먹어라. 오늘 술값 내가 패 잡는다.

팩성

까다롭고 너그럽지 못하여 성을 잘 내는 성질.

말벗도 없고 저기압이고 무표정이다. 혼자서도 뭐라고 알아듣지 못하게 투덜대기 잘한다. 농담이라도 걸면 당장 화를 내고 두고두고 수다스럽게 노닥거린다. 사대육신 멀쩡하고 일도 잘한다. 그러나 그 못된 팩성 때문에 아무도 가까이하지 않는다. 멋대가리라곤 파리발만큼도 없다.

ㅍ

폭 잡는다

놓이게 된 형편이나 처지로 여긴다. 마음속으로 간주하다.

노름꾼들의 애용어(愛用語).

잠 못 잔 것은 제사 지낸 폭 잡고, 돈 잃은 것은 도적 맞은 폭 잡
는다.

"품" 팔다 "품" 준다.

일하는 삯을 미리 받거나 주다.

겨울철의 임금선매(賃金先賣)라 할 것이다. 새해에 밭일 해 주
기로 서숙(조), 쑤시(수수), 통보리 등 대개 두 되씩이었다. 품
을 주는 입장에선 선심 쓰는 것이고, 품을 파는 입장에선 위급
을 면하는 것이니 누이 좋고 매부 좋은 식이라 치부하드라도
"품" 주는 이가 우위었지.

ㅍ

퐃(팥)각씨

팥처럼 작고 나이 어린 신부.

신부는 열두 살, 신랑은 열아홉의 노총각.

신랑은 여덟에 신부는 열여섯 살 노처녀.

'삼시랑(삼신할미)도 무심히어, 자식 없는 부잣집에 점지했으면 잘 먹고 잘 입고 호강받을 턴디. 어찌서 없는 놈의 집구석으다가 자식새끼만 막 퍼주요. 줄라면 복이나 줄 일이지'.

호랭이 무섭단들 먹는 입[口]보단 더 무서울까. 입식구 하나 덜기 위해 어린 딸을 퐃각시로 시집 보낸다. 에미 애비는 눈물만 찔끔.

퐃죽(팥죽)과 떡국이 용간한다

해마다 먹는 팥죽과 떡국이 쌓여서 나이 먹은 값을 할 거라고 사람들을 속인다.

나이가 들면 급한 성질도 누그러지고 못된 행동도 삼가는 것이 정리이다. 그래서 나이가 가르친다고 하는 건데 이와는 딴판으로 나이가 더할수록 노욕(老慾)의 늪으로 빠져들어 못된 짓거리가 자기의 전매특허인 양 행동하는 사람이 있다.

해마다 동지 팥죽과 떡국을 먹었으니 나이 먹은 값을 할 거라고 용간하는(남을 속이는) 거라고 비꼬아 말한다. 퐃죽과 떡국이 용간하다고.

푸닥지다

많지 않은 것에 대하여 많다고 비꼬아 말할 때에 '푸지다'의 뜻으로 쓰는 말.

섣달그믐날. 부잣집에서 쿵덕쿵쿵덕쿵 떡메 치는 소리가 귓가를 때린다.

'설날은 누가 마련힛대여. 없는 놈의 집구석에도 설이당가?.'

죽을 약 옆에 살 약이 있다.

그릇 한 개 갖고 오라는 혼행이떡(혼행이댁)의 전갈이 왔다.

곳간에는 어마어마하게 큰 항아리가 스무 개가 되는지 서른 개가 되는지 분간할 수조차 없고 항아리마다 오곡이 가득 담겨 있었다.

생색을 내면서 쌀 한 되, 보리쌀 두 되.

'아니 내가 일 년 열두 달 궂은일 존일(조은일) 안 가리고 종년같이(처럼) 저그일(자기네 일) 다 해주었는디, 푸닥지게 이것 주어 …?'

'아니 그것도 안 주면 어떨 것이여 …'

푸렁푸렁(시드럭부드럭)

줏대 없이 흐리멍덩하며 차차 시드는 모양을 나타내는 말.

술에다 물 탄 듯, 물에다 술 탄 듯, 중심이 없는 행동을 한다. 시신덕푸신덕, 시드럭부드럭, 종잡을 수 없다. 지게 지고 벌어서 물려준 재산을 푸렁푸렁한 아들이 뻔새좋게 술자리 한 번 벌인 일 없이 그럭저럭 바닥을 보고 만다. 이래서 자식 농사가 큰 농사라고 한다.

풀 쑤다

애써 한 일을 망치다.

농산물을 인건비도 못 건지고 팔아치운 농민은 풀 쑤었다고 한다. 농작물을 갈아엎는 일도 흔하다. 신이 아닌 이상 어찌 수급(需給)을 맞추겠는가. 농사지어 풀 쑤었다. 농민의 비애다.

ㅍ

하고 많은 생선에
복쟁이만 생선이냐

많고 많은 생선 중에 왜 사고가 잦은 복어인가.

칠산바다에서 무진장하게 잡아온 '조기'는 처치 곤란하여 배를 갈라 '가조기'로 걸대에 걸어 '굴비'로, 또 큰 항아리에 염장(소금을 넣어)하여 '간조기'로 가공했다. 비린내 진동하는 줄포항은 고기떼로 덮였었다. 오만가지 어물이 쌓이고 썩고, 썩어서 버리고, 이 많고도 지천인 어물 가운데서 복쟁이는(복어는) 인명(人命)을 많이 앗아갔다. 3월 중순 경부터 보리밭 김매기 철이면 어김없이 불상사가 되풀이됐다. 온 가족이 끓여 먹었는데, 두 식구가 사망하기도 했다.

필자의 기억에 남는 희생자는 20수 명이다. 복어 희생자 발생이 뜸해 우리의 뇌리에서 사라져가던 20수 년 전 시내에서 한 사람의 사망자가 생기어 경종을 울렸다. 건복(마른 복어)을 구워 세 친구가 술을 마셨는데, 당시 줄포면 의용소방대장 송용섭씨가 유명을 달리했다. 복어탕을 공짜로 먹는 건달패도 있었다. 복어탕에 술밥을 실컷 먹어대고 담배 한 대 터어억 피우고 나서 꾸벅꾸벅 졸다가 푹 쓰러진다. 기겁을 한 술집 주인이 사람을 시켜 후미진 곳에 버린다. 복어 먹고 졸면 죽는 걸로 알려지고 있다. 하고 많은 생선 중에 복쟁이만 생선인가.

흥

하늘로 머리 두린(든) 사람

머리 들고 살아가는 일반 사람 모두.

동물 중에 유독 사람만이 하늘로 머리를 들고 산다. 흔히 쓰이는 말에

'하늘로 머리 두른 사람은 못 살 것 같다고들 힛는디, 병원에서 툇자 맞은 사람이 용케도 살아 낫구면'이라든가,

'하늘로 머리 두른 사람 모두 물어 바라, 내가 잘못힛능가 니가 잘못힛능가, 잘못힜으면 내가 잘못힜다 미안허다 허면 될 것이지 무슨 말이 그리도 많냐'고 한다.

하리(하루) 아침 해장감(거리)

전날의 술기운을 풀기 위해 먹는 음식처럼 금방 없어짐을 뜻함.

자기 할아버지 덕분으로 재산이 있다 해서 저만 못한 사람 없는 사람 대하기를 발바닥 때만큼도 못하게 괄시하는 사람이 있었으니, 둘만 모이면 그 사람 흉보기와 망하기를 은근히 바라는 말투가 오갔다.

'제깐 놈이 돈냥이나 있다고 조(교만) 내고 거드름 피우지만 어디 두고 보자고. 재물은 뜬구름이어, 어느 구름에 비 올지 누가 안당가.'

'그리어, 돈은 돌고 도는 경개, 우리 같은 놈이라고 히서 항시 없이 살라는 법은 없지. 망허기로 허먼야 제깐 놈 재산 하리(하루) 아침 해장감도 안 되어.'

'남의 입조종에 올르먼 망허기 싫어도 망하는 기어.'

'아암, 그리어.'

ㅎ

한 젼(가게)에서 콩 팔았는디

한 가게에서 산 물건도 크기가 다른 법이건만 남의 것을 탐낸다.

한 가게에서 한 맷방석의 콩을 함께 팔았는데(샀는데) 네 콩이 굵다 내 콩은 작다 한다. 아흔아홉 개 가진 놈이 백 개를 채우고 싶어 한 개 가진 놈 것을 빼앗는다는 인간 욕심의 무한대함을 꼬집어 한 말이다.

자식은 내 자식이 귀엽게 보이고, 벼는 남의 논 나락벼이 잘 되어 보이고, 떡은 남의 떡이 크게 보인다고 한다. 인간은 욕심으로 뭉쳐진 동물인가 보다. 그러나 욕심을 전적으로 탓할 일만은 아니다. 욕심을 잃으면 희망을 저버린 인간이다.

대학 입시의 욕심으로 밤샘으로 공부에 열중하는 입시 지망생, 절간에서 불철주야 책과 씨름하는 고시 지망생의 피나는 노력, 적게는 시골 농민으로부터 정부 당국자에 이르기까지 욕심을 갖고 노력한다. 욕심 없는 곳에 성공의 열매를 기대할 순 없다. 그러나 지나친 욕심은 패가망신을 자초한다.

이 고장에선 얼마 전까지도 농산물을 파는 것을 '산다', 사는 것은 '판다'고 정반대로 사용해 처음 듣는 외지인들을 어리둥절케 했다.

* 판다는 예와 산다는 예

'쌀 한 말 사서(팔아서) 막내 신발 사주어'

'뒷밭 한쪽에 콩 갈게(콩 심게) 콩 스(세) 되 팔어오시오.'

한 정지(부엌)서 팔촌 난다

부엌을 같이 쓰는 대가족 집안에서 팔촌을 이루고 함께 산다. 한 정지서 팔촌 난 것이다.

1920년대만 해도 5리 밖의 마을 사람도 모르는 사람이 태반이었고, 혼사도 보통 5리나 10리, 먼 거리라도 20리나 30리 거리 사람 사이에 이뤄졌다. 군산 전주가 어느 곳이며, 경성(서울)은 얼마나 넓고 얼마나 화려하고, 서울 사람은 얼마나 잘 사는 멋쟁이인지 막연히 상상의 날개만 퍼득거릴 뿐이었다.

남대문 문턱이 솔나무(소나무)냐 대추나무냐 물어봐도 안 가봤으니 알게 뭐겠는가.

한 고장에 뿌리 박으면 떠날 줄 모르고 살았으니 드문 일이기는 해도 고조 증조 조부의 사대가 한 울안에 살면서 고조의 손이 팔촌을 이뤘으니, 동고조팔촌(同高祖八寸)이라 하여 칭송을 받았다. 10촌까지는 당내간(堂內間)의 혈족이요, 10촌이 넘으면 월촌(越寸)이라 하여 혈족의 범위를 넘어 종친(宗親)이 된다.

한 고장에서 수백 년 동안 대대전승 집성촌(集姓村)을 이룩한 성씨 집단 마을은 방방곡곡에 산재해 있었다. 이 집성촌은 선비 벼슬살이 재력가 권력가 등이 많이 배출되어 부귀를 겸비하여 부러움과 두려움의 대상이었다.

비근한 예로 부안 읍내와 줄포리에 영월신씨(寧越辛氏)가 집

ㅎ

성촌을 이룩하여 부귀를 누렸으므로 영월신씨라 하지 않고 "부안 신씨", "줄포 신씨"라 했고, 건선면 건선리(현재의 줄포면 난산리)의 고부이씨는(古阜李氏) 건선 이씨로 통용됐으며 정읍군 고부면 고부리(현재의 정읍시) 행주은씨(幸州銀氏)는 고부 은씨로 불리었다.

이상은 농경사회의 한 단면이고 핵가족 사회 산업화 시대로 바뀐 지금 동고조팔촌은 옛날의 신화(神話)로 묻혀 버렸고 집성촌의 유래도 우리의 기억에서 사라져 간다.

ㅎ

해찰

일에는 마음을 쓰지 않고 쓸데없이 다른 짓을 함.

고기며 떡을 싼 보자기를 주면서

'성수야, 이거 큰어머니 집에 갖다 드리고 오느라. 제발, 해찰 허지 말고, 응 알았냐.'

이놈이 큰집 사발시계를 싹 뜯어 갖고는 요렇게 맞추고 조렇게 맞추고 히갖고 돌아가게 힛대여'

'저그 큰오매가 가만히 문구먹으로 처다봉개 요놈이 옷을 싹 벗어 구석으다 밀어붙이고 잠뱅이만 걸치고서는 시계허고 씨름허고 있엇드래여.'

'그리서 시계는 잘 돌아가고?'

'웬걸 한밤중에 딱 죽어버려서 그 이튿날 시계방에 갖고 강개로 누가 시계를 뜯어 갖고 맞추었는지 재주가 아주 비상헙니다.' 허드래.

'국민핵고 삼학년 짜리 우리 조카 짓이라우.'

'허허 그놈 쪼끔만 배우면 시계박사 되겠오.' 칭찬허면서 수공도 안받었다고 한다.

또 이런 일도 있다. 보리 이삭 주으라고 밭에 보냈는데 점심때가 넘어도 오지 않아 나가보니, 이삭은 서너 개 주어 놓고 온데간데없었다.

목이 터지게 불러대니 어- 하고 건너편 산에서 뛰어나왔다. 얼골이 빨갛게 타고 땀으로 목욕을 하고 한 손에 꿩새끼 한 마리를 쥐고 있었다.

'더우 먹을라. 오후에는 시원한 그늘에서 푹 쉬어라' 일렀지만 게눈감추듯 점심을 먹어 치우기가 바쁘게 그럴듯하게 새장을 만들어 꿩 새끼를 넣어 물그릇을 넣어 주고는 휙 밖으로 나가 버렸다. 얼마 후 땅개비 불무치 메뚜기며 벌레 따위를 한주먹 넘게 잡아다 꿩 새끼를 구완하는 것이었다.

해질 무렵 논에서 돌아온 아버지는

'야 너 손재주가 나보단 낫다. 새장 멋지게 잘 맨들었다'고 칭찬하는 것이다.

성수 엄마는 마땅찮다.

'정신을 딴 디다 두고 쓸디 없는 짓거리만 허고 해찰허는 놈을 나무래야지 칭찬이 멋이당그라우,' 볼멘 소리에

'아니여 우리 성수가 어찌서 … 얼굴 잘 생겼것다. 몸 튼튼허고 영리허고 허는 짓이 재주있고, 나무랄 데 없어. 벽시계 내 손목시계까지 또 자전거도 몇 번 망가뜨렸는디 인자는 웬만헌 자전거 고장은 척척 고치지 않어? 시계방에 가서 몇 달만 배우면 문제 없이 고칠 것이여 ….'

'그런 것만 잘 허먼 장땡이다우. 공부 잘 히야지,'

'성수 엄마 모르는 소리. 맹자 왈 공자 왈만 찾던 시대는 물 건너간 지 오래여. 기술이 있어야 히여. 공부만 잘 헌다고 꼭 성공하라는 법은 없어. 성수가 해찰을 잘 허는 것도 저는 생각이

있어 허는 것이지 쓸데없이 건성으로 허는 짓이 아니다 이 말이어.'

'글씨라우 난 무식헝개 그런 것 몰라라우.'

'대학 간다 허먼 공과대학 보낼 거고 안 간다 허먼 공업 고등학교 가르칠 판이여. 우리 성수가 우리나라 아니 세계 최고 기술자 되는 것이 내 꿈의 전부여.'

'그 아부지에 그 아들이구만. 성수야 너 아부지한티 칭찬 받응개 좋지야'

'예 어머니 좋고 말고라우, 나 공과대학 갈래요. 우리 반에서 일등은 못 히도 4등이나 5등은 꼭 허는디라우 더 열심히 히서 일등헐께요.'

'성수야 머 연장(도구) 필요허면 아버지헌티 말히여. 연장 그릇 웃방에 놓아두고 틈틈이 연구히 바. 그러고 공부 소홀히 허지 말고, 알엇냐 잉.'

허기여(하소)

그렇게 하시오.

'우리 곗날이 보름날 아닝가, 그런디 사정이 생겨서 스므 날로 연기힜으면 허는디 어떤가?'

'그렇게 허기여. 내가 계원들헌티 연락 헐랑게.'

'형님 약속 어겨서 미안합니다. 꾸어 쓴 돈 한 열흘 뒤에 드려야겠어요.'

'괜찬히여, 그렇게 허기여.' '박주사, 심주사 잘 모르는 것 같구먼. 서로 인사 허기여.'

허듯기

하듯이.

'모를 그렇게 심으면 못써. 이바(이봐) 나 허듯기 히바'

'그 낫질이 머냐 잘 바, 신성양반 허듯기 히라.'

'송산떡(댁) 그렇게 들(덜) 익은 꼬치 따면 못써라우, 행정떡댁 허듯이 빨갛게 잘 익은 놈만 따시기라우.'

'야야 미친년 널뛰듯이 허면 쓴다냐, 차근차근 히여라.'

ㅎ

허실삼다

별 기대 없이 혹시나 하는 마음으로 하다.

1962년으로 기억된다. 이앙 한계일인 7월 20일이 훨씬 넘은 8월 3일 석양부터 밤새껏 큰비가 내렸으나 이미 때는 늦었다. 출수기가 불과 20여 일 남았으니 모내기는 포기해야 하는데도 허실삼어 심어 보겠다고 고집을 부리며 8월 4일부터 8월 6일에 걸쳐 모내기하는 농가가 적지 않았다.

밑거름을 뜸뿍 주고 심은 모는 5-60개 새끼를 치고 15센치 가량 자라다가 출수기에는 우드커니 움츠리고 말았다. 허실삼아 모내기한 농가는 막대한 손해를 보고 말았다, 계절 감각을 헤아리지 못한 탓이었다.

설마가 사람 잡는다고 한다. '허실삼어'가 그들을 골탕 먹인 것이다. 나의 충고를 받아 들이지 않은 이들은 크게 후회하는 것이었다.

ㅎ

호박에 침 주기

어떤 자극에도 아무 반응이 없음을 비유적으로 이르는 말.

어린애 울음을 멈추게 하는 방법으로

'어매 저어그 '에비(어린아이에게 하는 말로, 무서운 가상의 존재)' 온다. '에비 와아' 하면 대개 멈춘다. 그러나 이 방법도 안되면

'어어 이놈 침 주어야겠다' 침을 내미는 시늉을 하면 '에비' 보다 효과가 크다.

그러나 호박에 침을 쑤셔도, 말뚝을 박아도 반응이 있을 리 만무하다. 남의 말이란 들은 척도 하지 않고 제 고집만 부리는 사람을 가리켜 이렇게 말한다.

'그녀석헌티 말 히봤자 말만 귀양 보내어. 백 번 말 히봤자 쇠코에 정(경) 읽기고 호박에 침 주기여.'

＊호랑이보다 곶감이 무섭고, 곶감보다 에비가 무섭고, 에비보다도 침이 더 무섭다.

ㅎ

혼은 나가고
등신만 둥그러 댕긴다

정신이 맑지 않고 아둔하게 살아가는 모습을 자학적으로 이르는 말.

방금 들은 말도 잊는다. 업은 아기 삼 년 찾는 식으로, 조금 전 치워둔 물건도 못 찾고 만다.

약속날짜나 시간을 까먹는 것은 다반사요, 시내에 나왔건만 가만있자 뭘 사러 왔드라 생각이 나지 않는다.

'여바 까마구 괴기 먹엇깐디 그리도 잘 잊는가.' 할라치면

'혼은 진작 나가고 등신만 둥그러 댕긴당개.'라고 한다.

'그럼 멀 안 잊능가?'물으면 대답은 걸작이다.

'으응, 밥 먹고 똥 싸고 술 먹고 담배 피고 잠자는 것은 안 잊었어.'

ㅎ

황애장사(황화장수)

집집을 찾아다니며 끈목, 담배쌈지, 바늘, 실 등의
자질구레한 일용품을 파는 사람을 이르던 말.

생선 담은 옹기 반대기(함지를 생각할 것)를 머리에 이고 마을
마다 찾아다니면서 파는 여인을 '인꼬리(고리) 장사'라 불렀고,
주로 여인네들이 좋아하는 갖가지 옷감 천을 가득 넣고 맨 위
쪽에 잣대를 끼운 커다란 '보퉁이'를 이고 밥술이나 먹는 집을
찾아서 장사하는 여인을 '황애장사'라 한다.

'인꼬리 장사'와 '황애장사'가 머리에 이고 다니는 것은 같지만,
인꼬리 장사는 상류 가정만을 고객으로 삼는 황애장사와는 차
원이 다르다.

일 년에 꼭 두 번. 단오날 모래쩜과 보통학교 운동회가 아니면
면 소재지 시내도 구경 할 기회가 없는 여인네들은 끌러 놓은
황애 보따리의 천을 신기해하며 침이 저절로 흐른다. 꾸역꾸
역 모여든 아낙네들은 눈요기를 즐기고 눈을 크게 뜨고 입을
벌리고, 언제 장 떡이 클지 작을지

'오늘 장날 떡이 쬐끔 작네. 돌아온 장날 사세.'
'이 사람아 훗장 떡이 클지 작을지 누가 알 것이여, 금일지사
금일이니(今日之事今日) 오늘 일은 오늘 하고, 명일지사 명일
이니(明日之事明日) 다음 장은 다음 일이니 요놈 다 사 가지고
가세.'

ㅎ

흔(헌) 갓쟁이 트집 잡듯

갓을 만드는 갓쟁이가 헌 갓을 부딪치며 일부러 트집을 잡는 걸 비유한 말.

눈만 흘겨도 미어지게 생긴, 헌 갓을 쓰고 장날 사람 많은 틈새
를 비벼 뚫고 슬쩍 부딪친다.
'이놈아 눈구먹 어따 두고 내 갓 부서 버렸냐, 갓 사내라.'
흔 갓쟁이 트집 잡듯 죽기 살기 달라붙는다.

ㅎ